Lukas Bärfuss
Alices Reise in die Schweiz
Die Probe
Amygdala

Lukas Bärfuss
Alices Reise in die Schweiz
Die Probe
Amygdala
Stücke

WALLSTEIN VERLAG

INHALT

Alices Reise in die Schweiz
Szenen aus dem Leben des Sterbehelfers Gustav Strom
7

Die Probe
(Der brave Simon Korach)
59

Amygdala
Vollständige Fragmente einer unvollständigen Stadt
115

Alices Reise in die Schweiz
Szenen aus dem Leben des Sterbehelfers Gustav Strom

Gustav Strom
Alice Gallo
Lotte Gallo
Eva
Walter
John

Eine Wohnung in Hamburg
Eine Wohnung in Zürich

Mitarbeit: Judith Gerstenberg, Stephan Müller

GUSTAV STROM, EIN STERBEHELFER, BERÄT ALICE GALLO

Gustav. Alice.

GUSTAV Sie reisen, wann immer Sie wollen. Eines Tages werden Sie wissen, es ist so weit. Erledigen Sie Ihre Angelegenheiten. Testament, Versicherungen. Wir haben ein Merkblatt zusammengestellt. Arbeiten Sie mit Listen, streichen Sie ab, Punkt für Punkt. Denken Sie daran, Sie planen einen Umzug. Denken Sie auf diese Weise. Ordnen Sie die Papiere, die Verträge, klären Sie die Vollmachten, machen Sie Notizen oder besprechen Sie ein Tonband, wenn Unklares der Erläuterung bedarf. Zahlen Sie Rechnungen, legen Sie Bargeld zurück, in nicht zu geringer Höhe, man wird Auslagen haben.

In Zürich wird Sie niemand abholen, ich will, dass Sie den Weg an die Gertrudstraße alleine gehen, frei, ohne Zwang, ich möchte, dass Sie mit jedem Schritt umkehren können, auch noch vor dem letzten. Nehmen Sie ein Taxi, oder besteigen Sie die Tram Nummer drei Richtung Albisrieden. Mit dieser Tram fahren Sie sechs Stationen. Bis Lochergut. Von dort ist die Gertrudstraße nicht weit. Sie halten sich rechter Hand, überqueren die Weststraße, passen Sie auf, es ist gefährlich dort, der Verkehr ist dicht, die Autos fahren schnell. Dann sehen Sie die japanischen Kirschbäume, wenn Sie im Frühling kommen, blühen sie Rosa, am Waffengeschäft vorbei, links an der Buchhandlung vorbei, und vor dem Kindergarten gleich wieder links. Nummer achtzehn, mein Name, Gustav Strom, ist angeschrieben. Ein ganz gewöhnlicher Wohnblock aus den siebziger Jahren. Erwarten Sie bitte nichts Besonderes. Wir haben keine Aussicht, nicht auf den See, nicht auf die Berge, man sieht bloß in den Innenhof, und da stehen eigentlich bloß Autos und eine Kinderanlage, verrostet, gesperrt. Ich sage das, weil Patienten

deswegen schon enttäuscht waren. Wir möchten keine Inszenierung, keine Theatralik. Es ist eine Dreizimmerwohnung, manchmal hört man das Geschrei vom Kindergarten, das ist alles.
Wenn Sie Wünsche haben, so werden wir versuchen, diesen zu entsprechen.
ALICE Wünsche.
GUSTAV Eine gewisse Musik vielleicht, oder jemanden, den Sie dabei haben wollen. Ich bitte Sie, nur jemanden mitzunehmen, der Ihren Entschluss akzeptiert und nicht versuchen wird, eine unersprießliche Diskussion zu führen über Sinn und Zweck und Statthaftigkeit. Ein Mann, einmal, ganz zu Beginn, wollte seine Frau nicht gehen lassen, er hatte einen Zusammenbruch, rief die Polizei, wir mussten abbrechen.
Gut. Sie werden nichts essen an jenem Tag, nichts Schweres, auf jeden Fall, am besten, ohnehin, Sie essen überhaupt nichts. Das Medikament wirkt besser auf leeren Magen. Nach fünf Minuten ist es vorbei.
ALICE Fünf Minuten.
GUSTAV Kürzer geht es nicht. Nach einer Viertelstunde werde ich die Polizei verständigen. Diese erscheint in der Regel in Begleitung eines Amtsarztes und eines Bezirksanwalts zur sogenannten Legalitätskontrolle. Diese Kontrolle prüft, ob alles im Rahmen der gesetzlichen Vorschriften abgelaufen ist. Der Untersuchungsrichter wird entscheiden, ob ein Verfahren eröffnet wird.
ALICE Gegen mich.
GUSTAV Nein, gegen mich. In Ihrem Fall müssen wir leider damit rechnen. Die Untersuchungsrichter halten sich oft an äußere Merkmale. Alter, Geschlecht, Aussehen. Erst bei Patienten ab siebzig wird es nicht mehr so genau genommen.
ALICE Das wird mich nicht kümmern.
GUSTAV Sie nicht. Für Sie ist es vorbei. Andere bleiben zurück. Wir verbringen vierundzwanzig Stunden in Gewahr-

sam. Es gibt natürlich die Möglichkeit, vor dem Eintreffen der Polizei die Wohnung zu verlassen. Wir haben damit keine guten Erfahrungen gemacht. Wer flieht, hat Unrecht getan. Dieses Gefühl stellt sich unvermeidlich ein.

ALICE Ich werde alleine anreisen.

GUSTAV Gut. Ich werde Ihnen jetzt erklären, was mit Ihren sterblichen Überresten geschieht. Ihre Leiche wird man in die Pathologie bringen. Eine Obduktion wird selten durchgeführt.

ALICE Eine Obduktion.

GUSTAV Der Pathologe entscheidet selbst und in eigener Verantwortung, ob eine Leichenöffnung notwendig ist.

ALICE So genau will ich das gar nicht wissen.

GUSTAV Eine offene Information ist unabdingbar. Gut. Bis hierhin.

Haben Sie Ihre Familie über Ihre Pläne unterrichtet.

ALICE Ich habe keine Familie. Da ist bloß Lotte. Meine Mutter.

GUSTAV Und. Was sagt sie.

ALICE Sie weiß nichts davon.

GUSTAV Sie müssen es ihr sagen.

ALICE Sie wird es nicht verstehen.

GUSTAV Sie müssen.

ALICE Ich kenne meine Mutter. Ich werde ihr einen schönen langen Abschiedsbrief schreiben. Dass ich sie lieb habe. Dass es nicht ihre Schuld ist und sie sich keine Vorwürfe machen soll. Du hast gut nach mir geschaut, Mama, ich danke dir für die letzten Jahre. Für deine Aufopferung.

GUSTAV Das ist nicht genug.

ALICE Du warst die beste Mama, die man sich wünschen kann.

GUSTAV Es wird nicht reichen.

ALICE Ich werde dich immer lieben.

GUSTAV Alice.

ALICE Mehr schaffe ich einfach nicht.

GUSTAV Sie müssen es ihr sagen.

ALICE Ich will es ihr aber nicht sagen.
GUSTAV Es ist eine Bedingung. Andernfalls.
ALICE Andernfalls.
GUSTAV Stellen Sie sich vor, Sie würden eines Tages den Abschiedsbrief Ihrer Mutter finden. Was würden Sie sagen.
ALICE Hurra.
GUSTAV Sie haben wohl kein enges Verhältnis.
ALICE Wir lieben uns.
GUSTAV Dann sehe ich das Problem nicht.
ALICE Sie wird mich nicht ziehen lassen.

GUSTAV STROM, BEI ANDERER GELEGENHEIT,
ERKLÄRT SICH.

Gustav.

GUSTAV Mein Name ist Gustav Strom. Ich bin Arzt. Die Frage kommt immer: Sie haben doch den Hippokratischen Eid geleistet. Ja, habe ich. Wie können Sie also Menschen in den Tod begleiten. Gerade weil ich ihn geleistet habe. Gesundheit ist verhandelbar, die Würde des menschlichen Lebens nicht. Die Angst vor dem Tod macht uns erpressbar. Wie soll ich die Augen verschließen vor dem Leid, dass ich tagtäglich in den Spitälern und in den Pflegeheimen sehe. Ich glaube, das menschliche Leben erhält seine Würde durch die Freiheit, den Zeitpunkt seines eigenen Todes wählen zu können. Und dafür kämpfe ich. Der Staat versucht, mich einzuschüchtern. Ich habe den ganzen letzten Frühling in Untersuchungshaft verbracht. Was soll ich dazu sagen. Sie wollten mich gefügig machen. Es wird ihnen nicht gelingen. Ich bin der festen Überzeugung, dass jede Generation neu um das Gut der Freiheit kämpfen muss. Wie Sie vielleicht wissen, hat man mich in jüngster Zeit ins Licht der Öffentlichkeit gezerrt, ich wollte das nicht, die Medien können höchstens ein Mittel zum Zweck sein. Ich bin nicht eitel. Ich eigne mich nicht als öffentliche Person. Ich habe keine Lust, in einen Kampf der Weltanschauungen zu geraten. Prinzipien sind mir gleichgültig. Jedes Prinzip, irgendeines, ist Menschen feindlich. Ich will den Kranken ein Freund sein, eine helfende Hand. Wer kann das Glück definieren, und wer das Leid. Wer kann in Worte fassen, was ein Leben lebenswert macht. Ich nicht. Aber ich sehe, wer nicht weiter kann und in den Seilen hängt, und wer an seiner Würde Schaden nimmt, wenn der Kampf nicht abgebrochen wird. Es gibt Menschen, die sich selbst nicht helfen können. Seit sich die Medien für mich interessieren, bin ich mit meiner Praxis in Schwierigkeiten geraten. Von einem Doktor Tod, wie sie mich nennen, lässt man sich nicht behandeln.

ALICE GALLO VERSUCHT MIT LOTTE, IHRER
MUTTER, ÜBER DAS VORHABEN ZU SPRECHEN.

Alice. Lotte.

ALICE Mama.
LOTTE Einen Augenblick.
ALICE Ich muss mit dir sprechen.
LOTTE Ich hör dir jeden Moment zu.
ALICE Es ist wichtig.
LOTTE Ich habs gleich.
ALICE Bitte.
LOTTE Ja.
ALICE Gut. Dann ein andernmal.
LOTTE So. Nun. Worum gehts.
ALICE Mit mir geht es wieder bergab. Ins Loch.
LOTTE Leg dich hin. Machs dir gemütlich. Ich bring dir die Zeitung.
ALICE Ich will nicht mehr.
LOTTE Dann schau fern. Ich koche Tee.

ALICE Ich habe mit einem Arzt gesprochen.
LOTTE Du sollst diese Dinge nicht ohne mich in Angriff nehmen. Du lässt dich zu Dingen überreden, bist beeinflussbar.
ALICE Es ist ein Arzt aus der Schweiz.
LOTTE Oh, die Schweiz. Die haben allerdings gute Ärzte.
ALICE Er wird mir helfen, Mama.
LOTTE Liebes. Kind. Setz dich. Ich muss dir etwas sagen. Dir kann niemand helfen. Verstehst du. Gar niemand. Was du hast, ist unheilbar. Wir können nur versuchen, deine Leiden zu lindern. Und das tun wir auch.
ALICE Er besitzt ein Mittel, das meine Leiden auf einen Schlag lindert.
LOTTE Pferdeschweiß, zerstampfte Tropenkäfer, destilliertes Wasser aus Jerusalem.
ALICE Das Mittel heißt Natrium-Pentobarbital. Es wirkt innerhalb von fünf Minuten. Danach ist alles vorbei, mein Leiden. Und deines auch.
LOTTE Natrium-Pentobarbital. Nie gehört.
ALICE Ein sehr starkes Schlafmittel. Er gibt mir fünfzehn Gramm davon.
LOTTE Ein Schlafmittel. In deinem Schrank stehen genug Schlafmittel. Du schläfst ohnehin viel zu viel. Liegst ja nur im Bett. Geh mal raus, an die frische Luft.
ALICE Ich mag keine frische Luft.
LOTTE Aber natürlich magst du frische Luft. Beweg dich. Sieh mich an.
ALICE Lieber nicht.
LOTTE Ich mach jeden Tag meinen Spaziergang. Auch wenns nur eine Viertelstunde ist. Die kleinen Schritte sind wichtig. Und steig nicht immer in den Fahrstuhl. Nimm zwischendurch die Treppe.
Fünfzehn Gramm. Du meinst wohl Milligramm.
ALICE Gramm. Ich meine Gramm.
LOTTE Fünfzehn Gramm. Das ist viel zu viel. Bei fünfzehn Gramm wärst du tot.

ALICE Ganz genau.
LOTTE Du willst tot sein.
ALICE Jaaa.
Was sagst du dazu.
LOTTE Fein. Gute Idee. Such dir einen Termin aus. Mittwochs gehe ich singen. Das würde ich ungern verpassen.
ALICE Mama. Es geht hier nicht um dich.
LOTTE Verzeihung, natürlich nicht. Ich kümmere mich zwar um dich, mache dir die Wäsche, koche, bügle. Aber um mich geht es nicht. Nein, ich bin nicht beleidigt.
ALICE Traurig.
LOTTE Sehr. Sehr, sehr traurig.
ALICE Sieht man dir nicht an.
LOTTE Muss man das.
ALICE Ich bin immerhin deine Tochter.
LOTTE Das bist du schon dein ganzes Leben lang.
ALICE Bald bin ich tot.
LOTTE Das wird sich bei einem Selbstmord leider nicht vermeiden lassen.
Alice Du glaubst mir ja überhaupt nicht.
LOTTE Richtig. Ich glaube dir nicht.
ALICE Da.
LOTTE »Verein für Sterbehilfe. Zu einem selbstbestimmten Leben gehört ein selbstbestimmtes Sterben. Lieber tot, als in Knechtschaft leben. Schiller, Wilhelm Tell. Wer zum Suizid entschlossen ist, hat ein Recht auf Beihilfe.«
Wo hast du das her.
ALICE Vom Arzt.
LOTTE Kind. Du wirst tot sein.
ALICE Das wird sich bei einem Selbstmord leider nicht vermeiden lassen.
Jetzt glaubst du mir.
Jetzt bist du traurig.
Jetzt sehe ich es dir an.
LOTTE Warum willst du nicht. Warum willst du. Dich. Dir das Leben nehmen.

ALICE Ich bin es müde.
LOTTE Du. Müde. Wovon. Du tust ja nichts. Klemm dich einmal in den Hintern. Was soll ich sagen. Ich nehme dir ja alles ab. Du bist müde vom Nichtstun.
ALICE Ich darf nichts tun. Ich bin krank.
LOTTE Du bist krank, weil du nichts tust. Wenn ich deine Zeit hätte, käme ich auch ins Grübeln. Der Mensch braucht Ablenkung.
Es gibt tausend Möglichkeiten. Mach einen Kurs. Einen Sprachkurs. Französisch mochtest du doch. Du wirst Leute kennen lernen. Frauen.
Aber auch Männer.
ALICE Was soll das heißen.
LOTTE Eine Bekanntschaft würde dich auf andere Gedanken bringen.
Jemand der dir sagt, dass du hübsch bist.
ALICE Geh du da hin.
LOTTE Ich habe keine Zeit dazu. Muss mich ja um meine Tochter kümmern.
ALICE Das müsstest du dann nicht mehr.
LOTTE Für dich mache ich das doch gerne.
ALICE Und was, wenn du einmal nicht mehr da bist.
LOTTE Ich werde immer da sein.
ALICE Schau dich an. Deine Haare sind grau. Deine Nägel sind brüchig. In den Gelenken hast du Rheuma. Wenn du den Mund aufmachst, rieche ich dein Alter. Faulig. Nicht so schlimm. Der Mensch ist vergänglich. Schon davon gehört.
LOTTE Ich werde vorkochen. Ab heute bereite ich bei jeder Mahlzeit die doppelte Menge Essen zu, und die andere wird eingefroren. Die Miete wird ohnehin automatisch vom Konto abgezogen. Du brauchst nicht vor die Tür zu gehen. So wird es schon irgendwie gehen. Ich meine, wenn ich tot sein sollte.
Liegt es an mir.
ALICE Nein.

LOTTE Ich gehe dir auf die Nerven.
ALICE Ein bisschen.
LOTTE Willst du mich bestrafen.
ALICE Nein.
LOTTE Und wie soll das gehen. Mit diesem Selbstmord.
ALICE Sag nicht Selbstmord. Sag Suizid. Ich reise in die Schweiz. Rauche noch eine letzte Zigarette. Erhalte die fünfzehn Gramm. Schlafe ein. Schluss.
LOTTE Und warum musst du deswegen in die Schweiz.
ALICE Weil das dort erlaubt ist.
LOTTE Das glaube ich nicht. Die haben doch das Rote Kreuz gegründet. Die helfen den Leuten.
ALICE Und deshalb hilft mir Gustav auch beim Sterben.
LOTTE Gustav. Bestimmt ein falscher Name.
ALICE Das ist sein Vorname. Strom ist sein Nachname.
LOTTE Ihr duzt euch.
ALICE Warum nicht.
LOTTE Du duzt sonst keinen.
ALICE Er hat es mir angeboten.
LOTTE Und wie kommst du wieder zurück.
ALICE Wie komm ich wohl zurück. Im Sarg.
LOTTE Es gibt auch Urnen.
ALICE Es ist mir vollkommen egal, was mit meiner Leiche geschieht.
LOTTE Aber ich. Denk an mich. Ich werde schließlich dein Grab besuchen.
ALICE Mir wärs am liebsten, es gäbe gar nichts, das an mich erinnert. Keine Blumen, kein Leidzirkular, kein Grabstein, nichts.
LOTTE Das geht doch nicht. Was werden die Leute denken.
ALICE Dass dir das immer so wichtig ist, was die anderen Leute denken.
LOTTE Es gibt noch Leute, die nicht die ganze Zeit ausschließlich an sich selbst denken.
ALICE Sag ihnen, ich sei zu einer Reise aufgebrochen.
LOTTE Ich werde bestimmt nicht lügen.

ALICE Dann, ich sei krank gewesen.
LOTTE Du bist nicht krank. Ich meine, du wirst nicht daran sterben.
ALICE Ich bin schon tot.
LOTTE Red doch keinen Unsinn.
  Glaubst du an die Unsterblichkeit der Seele.
ALICE Welcher Seele.
LOTTE Deiner Seele.
ALICE Ich habe keine Seele.
LOTTE Jeder Mensch hat eine Seele.
ALICE Ich nicht.
LOTTE Du warst so ein süßes Mädchen.
ALICE Erinnere mich nicht an meine Kindheit.
LOTTE Ungeheuer kitzlig. Ich wusste nie, wie ich dich anfassen sollte, du hast immer gleich losgelacht.
ALICE Du mochtest also mein Lachen nicht.
  Kommst du mit.
LOTTE Du musst alleine gehen.
ALICE Was bist du feige.
LOTTE Ich möchte einfach noch ein bisschen leben.
ALICE Ich meine, kommst du mit in die Schweiz.
LOTTE In die Schweiz. Was soll ich dort.
ALICE Weiß nicht. Skilaufen. Oder mir die Hand halten. Du hast mich schließlich zur Welt gebracht. Dann kannst du mich auch hinausbegleiten. Das bist du mir schuldig.
LOTTE Ich schulde dir nichts, Mädchen.
  Was machen wir mit deiner Wohnung.
ALICE Auflösen.
LOTTE Vorher oder nachher.
ALICE Danach. Wo soll ich sonst wohnen.

EVA, EINE JUNGE FRAU, STELLT GUSTAV IHRE HILFE ZUR VERFÜGUNG

Eva. Gustav.

EVA Ich war in der Bibliothek. Dies habe ich in der Ärztezeitung gefunden. »Sterbebegleitungen sind ärztlich-menschlich immer zutiefst beglückende Momente, wo der Kranke seine Ambivalenzen endgültig hinter sich gelassen hat, die emotionalen Reste mit den Nächsten bereinigt sind und der Kranke gelöst und dankbar in den Tod geht, manchmal fröhlich, manchmal traurig, ernst, liebend, immer ruhig, immer ohne Auflehnung, immer dankbar für das, was das Leben gegeben hat und dafür, dass ihm der hässliche Tod erspart wird. Wenn ich in den Sekunden, bevor ich die Kanüle in den Körper steche, in mich hineinhorche, mein Gewissen prüfe und auf die Stimmen der ethischen Instanz, auch der vorrationalen, religiösen, und des Heilers in mir höre, vernehme ich stets deren Zustimmung, uneingeschränkt, und ich weiß, diese Beihilfe ist eine ärztliche Tätigkeit.« Das haben doch Sie geschrieben.
GUSTAV Jedenfalls steht mein Name darunter.
EVA Herr Strom. Ich muss für Sie arbeiten. Ich muss.
GUSTAV Sie haben davon nicht die leiseste Ahnung.
EVA Ich bin nicht so, wie Sie denken.
GUSTAV Sie wissen, was ich denke.
EVA Ich glaube, die Gesellschaft versteht Sie nicht.
GUSTAV Aha.
EVA Sie stehen in einer großen Tradition. In der Folge eines Thomas Morus', Rousseaus, Fourcroys.
GUSTAV Jetzt machen Sie einen Punkt.
EVA Jeder große Erneuerer stößt zunächst auf Ablehnung.
GUSTAV Sie haben doch Thomas Morus nicht gelesen.
EVA Und warum nicht.
GUSTAV In Ihrem Alter verbringt man seine Zeit nicht mit Thomas Morus. Man geht aus. Trifft sich mit seinem Freund.

Eva Ich habe keinen Freund. Nicht mehr.
Gustav Mochte er Thomas Morus nicht.
Eva Er mochte Filme, Musik, das nächste Wochenende.
Gustav Gut.
Eva Er hatte keine Utopien.
Gustav Und Sie haben noch Utopien.
Eva Jeder Mensch sollte eine haben. Auch wenn er dafür gehasst wird. So wie Sie.
Gustav Mich hasst keiner.
Eva Die Gesellschaft hasst Sie. Sie hasst Ihre Utopie.
Gustav Sammeln Sie zuerst Erfahrungen.
Eva Das versuche ich gerade.
Gustav Aber doch nicht bei mir. Was stellen Sie sich vor. Sterbebegleitung ist keine Arbeit, um sich selbst zu verwirklichen. Diese Menschen kommen nicht zu mir, damit ein junges Fräulein Erfahrungen sammeln kann. Erleben Sie etwas, bilden Sie sich.
Eva Ich habe studiert. Sechs Semester Medizin.
Gustav Sie kennen nur fremdes Leid. Erfahren Sie zuerst am eigenen Leib, was eine Krise ist. Wenn man krank ist. Bankrott. Geschieden. Sie sind zu gut genährt von Mamas Essen.
Eva Meine Mama ist tot seit vorvorigem Winter.
Gustav Das tut mir leid.
Eva Ich kann eigentlich alles. Auch Spritzen setzen. Oder putzen. Putzen muss man.
Der Zeitung haben Sie gesagt, Sie würden sich manchmal einsam fühlen.
Gustav Da muss ich lachen. Nicht so. Bei meiner Arbeit fühle ich mich manchmal einsam. Die Toten sind nicht dankbar. Sie haben Fourcroy gelesen.
Eva »Die Freiheit«, sagt Antoine Fourcroy, «Die Freiheit steigt inmitten der Blitze und der Gewitter auf die Erde hinab.»
Gustav Behalten Sie Ihre Utopien für sich. Die wenigsten unserer Patienten haben noch Utopien. Und sprechen Sie

vor allem nicht über die Zukunft, niemals, vor allem nicht über Ihre eigene. Achten Sie auf Ihre Garderobe. Kein Makeup, kein Parfum. Sie sind jung, das alleine ist eine Provokation.

WALTER, DER VERMIETER, MACHT GUSTAV STROM EIN ANGEBOT

Gustav. Walter.

WALTER Herr Doktor Strom, Herr Doktor Strom. Ich will Sie nicht stören, ein Mann wie Sie hat wichtigeres zu tun. Sie sollten bloß wissen, dass Ihre Nachbarin, Frau Gubser, ausgezogen ist. Die Achtzigjährige. Mit der kaputten Hüfte und der Gehhilfe. Sie hat sechsunddreißig Jahre hier gewohnt. Sie wohnt jetzt schräg gegenüber, und ich lese Ihnen das Kündigungsschreiben lieber nicht vor. Sie meint, Sie seien ein gottloser Sauhund, ein Teufelsknecht, ein Sparifankel, wobei ich nicht weiß, was Sparifankel genau bedeutet. Das muss ein alter Ausdruck sein, aus dem vorigen Jahrhundert, und das passt zu dieser Gubser. Das war eine alte, rückständige Person, sie versteht nicht, dass Sie hier Gutes tun. Der Umzug hat sie beinahe umgebracht, ich habe sie pfeifen gehört, stöhnen gehört, ich habe gedacht, vielleicht ändert sie ihre Meinung noch und stattet Ihnen bald einen Besuch ab. Statt umzuziehen. Würde Sie weniger Nerven kosten. Lachen Sie nicht. Ich glaube ja, dass die noch angekrochen kommt, die machts nämlich nicht mehr ewig, und die hat nicht den Nerv fürs Pflegeheim. Ich will Ihnen nicht ins Geschäft reden, Herr Doktor Strom, aber Frau Gubser hat sehr üble Dinge über Sie erzählt, beim Gemüsehändler und in der Cafebar, ich habs gehört. Ich würde ihr nicht helfen.

Die Wohnung habe ich ausgeschrieben. Vor einer Woche schon. Noch hat sich keiner gemeldet. Und dies bei dieser

Wohnsituation. Herr Doktor Strom. Es würde sich eine gute Gelegenheit bieten. Sie könnten eine zweite Wohnung bestimmt gut gebrauchen. Sie haben selbst gesagt, dass Sie die Nachfrage kaum decken können. Ich mache mir eben so meine Gedanken. Nach einem Abgang verlieren Sie einen Tag mit der Polizei, dem Bestatter, der Wohnungsreinigung, und so weiter. Ist doch so. Ich habe nicht spioniert, das müssen Sie mir glauben, aber ich kann eins und eins zusammenzählen. Mit einer zweiten Wohnung wären Sie das Problem los. Ich habe mir das so überlegt. Patient A trifft, sagen wir, Montagmorgen ein. Wird bis Mittag betreut. Nachmittags oder gegen Abend Abgang. Die Polizei erscheint, anschließend der Bestatter. Und der ganze Dienstag besetzt das Reinigungsunternehmen. Erst Mittwochs können Sie wieder einen Patienten annehmen, der Donnerstag geht wieder flöten. Das ist der Status quo. Habe ich nicht recht. Mit einer zweiten Wohnung sind Sie flexibler. Und effektiver. Sie könnten an sieben Tagen die Woche. Helfen. Während Sie in der einen Wohnung aufräumen, könnten Sie in der anderen schon wieder arbeiten. Kurzum. Eine Verdopplung der Kapazität. Was sagen Sie dazu. Ich würde Ihnen ein gutes Angebot machen. Überlegen Sie es sich. Sie brauchen jetzt nicht zu antworten. Wir müssen alle effektiver werden. In diesen Zeiten. Was ist noch umsonst. Die Luft, die wir atmen. Aber wie lange noch.

JOHN, AUS BIRMINGHAM, BESUCHT IN
SEINEM LEBEN ZUM ERSTEN MAL
DIE SCHÖNE STADT ZÜRICH.

John. Gustav.

JOHN When I was a child, I used to sit under the big tree in the garden. It was an apple tree, but nobody ever took the apples, because they were too little and too sour. Crab apples, you know. God, I am boring. I was always boring, and I am still boring. I am going to die in about ten minutes, and I am still boring, Doctor.

GUSTAV I am sorry, John, but my English is not good.

JOHN You don't speak English. How can you help me to die, when you don't speak my language.

GUSTAV We don't have to speak.

JOHN But I want to talk. Just this one last time, at least. I like good conversations.

GUSTAV Okay, my English is not good, but we can make a conversation.
So. What happened with these apples.

JOHN Nothing. They just rotted under the tree. There was a smell of rottenness, which I loved more than anything. Here, in this room, there is just the same smell of rottenness. Don't you smell it.

GUSTAV I can open the window.

JOHN No. I like the smell, the taste of transience. I really don't want to bore you.

GUSTAV I am of no importance now. You are all that matters. If there is anything you wish to do.

JOHN What could there possibly be left to do.

GUSTAV You name it.

JOHN Whiskey. Have you got Whiskey.

GUSTAV Whiskey. Of course. But it's only Canadian Club.

JOHN Perfect. Canadian Club is just perfect. With ice, maybe.

GUSTAV There is no ice. But you can have some sparkling water.

JOHN I don't mind. I'll take it straight. Pure. Natural. I am going to die in about five minutes. You are a fine person, doctor. Thank you very much. Thank you. Will you join me.

GUSTAV I can't drink now.

JOHN Oh come on. Don't leave me to be a solitary drinker. Have a glass with me.

GUSTAV I have to stay.
JOHN What.
GUSTAV I don't know the word. Not drunk.
JOHN Sober.
GUSTAV Yes.
JOHN Why.
GUSTAV The police will notice.
JOHN Will they arrest you.
GUSTAV I don't think so.
JOHN I don't want to cause you trouble, doctor. Maybe we should stop this.
GUSTAV Just relax.
JOHN I hope we haven't forgotten anything.
GUSTAV We haven't.
JOHN Isn't there anything left to sign.
GUSTAV There is nothing left. Everything is signed. We took care about every little thing.
JOHN So. A last little chat. Okay.
GUSTAV Okay.
JOHN Fine. Let's see. A chat. A chat. A chat.
Are you married.
GUSTAV Me. No. Not anymore.
JOHN Divorced.
GUSTAV Yes.
JOHN You poor fellow. You will have to pay a lot, I suppose.
GUSTAV She makes her own living, and we don't have any children.
JOHN No children. That's not good, Doctor. You need an heir.
GUSTAV An heir.
JOHN An heir. Someone to carry on the good work.
GUSTAV Ach so, ein Erbe. First, I would need a woman.
JOHN A woman, a woman, a woman. Let's see.
What about your assistant.
GUSTAV She is my assistant.

JOHN She is a very good looking lady. So devoted. Am I right or am I wrong.

GUSTAV You are right.

JOHN And I know that she adores you.

GUSTAV You think so.

JOHN Of course. I can see it in the way she looks at you. You would be very happy with her. You work together, you share the same interest. This euthanasia-thing here. Why don't you marry your assistant.

GUSTAV I don't love her.

JOHN You don't love her you don't love her you don't love her. Why not.

GUSTAV I don't know. I just don't.

JOHN Doctor. Are you in love with another woman. You are hesitating.

GUSTAV I don't understand.

JOHN Okay. Its none of my business.
Now you have to ask me a question.

GUSTAV Okay. Are you married.

JOHN I am married to the most lovely lady in Birmingham. At least, in West Birmingham. Northwest Birmingham. I hate to make her a widow. Here. That's her. What do you think. Oh làlà, n'est-ce pas. Okay, I admit, this picture was taken twenty-one years ago. Now, she is an old woman. I made her become an old woman. My illness did.

GUSTAV I am sorry.

JOHN Thank you. Although I've only known you since this morning, I can say, that you are a very nice person.

GUSTAV Thank you.

JOHN Okay. It's now or never. Doctor. This is the moment. I am ready. Thanks for the whiskey anyway. Good bye.

GUSTAV Shall I leave you.

JOHN Good morning, Doctor. And thank you very much.

GUSTAV Good morning, John.

JOHN Yeah, good mourning, good mourning.
Doctor.

Gustav Yes, John.

John I am drunk.

Gustav Don't worry. It won't affect the process.

John I don't want to die drunk. My daddy died drunk. He was killed in his car on his way back from the pub. Now he will be drunk for the rest of eternity, my mother said. She believed that you have to spend eternity in state you were in when you died. Eternity. Eternity.

Where will you spend eternity. Do you think that's true.

Gustav I don't think so.

John You are not sure.

Gustav I don't think there is an eternity at all.

John Of course there is an eternity, Doctor, don't be silly. I don't want to be drunk till the end of time. I'd better wait until I'm sober again. I hope this won't upset you.

Gustav No problem, John.

John I don't want to take up any more of your time. You have got bigger fish to fry than waiting for an old sick man to sober up. I can't handle whiskey. I'll have a really bad hang over. Oh god. I don't want to spend eternity with a hangover. Do you understand, Doctor.

Gustav Of course, John.

John I am going to go home. That's the best thing for it.

Gustav You want to go back to Birmingham.

John My wife knows a very good remedy for hangovers. I will come back when I am sober again.

Gustav You are weak, John. Weak and ill. Are you sure you can do this journey again.

John Don't worry, Doctor. That is only the alcohol. You think I am a coward, don't you.

Gustav It's no problem.

John Maybe I am a boring idiot, but I am not a coward. I am English. I will come back, Doctor, I promise. I can't wait to die.

Gustav It's no problem, John. Greetings to your wife.

EVA HAT GEKOCHT

Eva. Gustav.

EVA Gestern Abend habe ich gekocht. Irisches Gulasch. Ich hatte eine Nachbarin zu Besuch. Kenne sie nicht näher. Habe nichts weiter mit ihr zu tun. Ich habe sie eingeladen, weil. Ich weiß nicht warum. Ich sah sie im Treppenhaus. Muss man einen Grund haben.
GUSTAV Nein. Warum auch.
EVA Sie hat ja gesagt. Bisschen zu schnell. Als hätte sie darauf gewartet. Hat nicht gesagt, muss ich zuerst schauen. Oder: Was gibts. Wie gesagt. Irisches Gulasch. Lammfleisch. Und da war ein Haar im Gulasch. In meinem Teller. Ich bin da nicht so empfindlich. Kann passieren. Wenn man kocht. Trage ja keine Mütze. Aber es war ein langes weißes Haar. Die Nachbarin hat rotgefärbte, kurze. Ups. Sagt sie. Wo kommt das denn her. Das muss Frau Gürbaczs Haar sein. Habe ich heute früh kennen gelernt. Ich hatte sie noch in den Armen. Sie hat geweint. Da habe ich sie getröstet. Von da kommt das Haar. Eva. Fragt sie. Trösten. Warum trösten. Sie hatte Leberkrebs. Hatte. Leberkrebs. Ich habe ihr beim Sterben geholfen. Die Nachbarin springt aus dem Stuhl. Aufs Klo, dachte ich. Nein. Zu sich in die Wohnung. Habe gehört wie oben die Tür ging, und kurz darauf im Klo die Spülung. Erstens. Das Haar war in meinem Teller. Zweitens. Frau Gürbacz hatte Leberkrebs. Und Leberkrebs ist nicht ansteckend. Drittens. Wie sie das Haar verlor. Da hat sie noch gelebt. Das war kein Leichenhaar. Also. Aber jetzt hatte ich ein Problem. Ich wusste nicht, was ich mit dem Haar machen sollte. Ins Klo. Nein. In den Müll. Das kann ich nicht machen. Ist ja das einzige, was von Frau Gürbacz übrig ist. Was mach ich damit. Ich habs mitgebracht. Hier. Das ist es. Was machen wir damit.

ALICE BRAUCHT LOTTES SEGEN

Alice. Gustav.

ALICE Ich möchte gerne nächsten Donnerstag um elf sterben.
GUSTAV Das wird nicht gehen.
ALICE Ich schreie hier gleich abartig rum.
GUSTAV Denken Sie an Lotte. Sie hat ihren Entschluss noch nicht im Entferntesten akzeptiert.
ALICE Es ist mein Leben. Einmal möchte ich darüber entscheiden. Frei.
GUSTAV Sie wird zurückbleiben. Sie müssen versuchen, ihr den Entscheid verständlich zu machen. Wir brauchen ihren Segen.
ALICE Ich brauche ihn nicht. Danke.
GUSTAV Dann braucht sie ihn. Sie wird weiterleben. Es geht um Verantwortung, Ich werde noch einmal mit ihr reden. Sie wird es begreifen. Bald. Nur Geduld.

GUSTAV SETZT SICH BEI LOTTE
FÜR ALICES ANLIEGEN EIN

Gustav. Lotte.

GUSTAV Ist Ihnen klar, was ich Ihrer Tochter anbieten kann.
LOTTE Sie haben ein Sterbehospiz in der Schweiz.
GUSTAV Was sagen Sie dazu.
LOTTE Was soll ich dazu sagen. Das ist Ihre Sache.
GUSTAV Alice ist Ihre Tochter.
LOTTE Es ist Ihre Sache, was Sie dort in Ihrer Schweiz alles treiben. Das, meine ich, kümmert mich nicht. Alice wird natürlich nicht reisen.
GUSTAV Sie wollen sie daran hindern.
LOTTE Ich brauche sie nicht zu hindern. Sie wird freiwillig bei mir bleiben.

GUSTAV Sie ist sehr entschlossen.
LOTTE Alice versucht alle paar Wochen, sich umzubringen. Wenn sie in einem Tief ist. Mit Tabletten, einmal mit einem Kabel.
GUSTAV Mit einem Kabel.
LOTTE So um den Hals. Ich habe sie daran gehindert. Das ist nicht echt, Herr Doktor. Ein Spiel. Es gibt sogar ein Wort dafür. Appellativer Suizid. Haben mir die Ärzte gesagt. Meine Tochter braucht viel Aufmerksamkeit. Sie vertun Ihre Zeit. Aber es ist nett, dass Sie mit ihr plaudern. Alice hat selten Männerbesuch. Erzählen Sie ihr von der Schweiz. Sie war noch nie dort, und reisen wird sie nicht mehr können.
GUSTAV Ich würde die Fenster verschrauben. Und schließen Sie die Messer weg. Die Flaschen gleich mit. Die machen scharfe Scherben. Vergessen Sie die Schnüre nicht, nicht die Schnürsenkel.
LOTTE Sie machen mir keine Angst.
GUSTAV Kommen Sie zur Vernunft. Eines Tages wird es Ihrer Tochter gelingen. Sie wird Ihnen entschlüpfen. Sie werden sich an jenem Tag vielleicht für ein Nickerchen hinlegen, oder kurz eine Besorgung machen, und plötzlich wird es sehr still sein. Sie werden nach Alice rufen, aber sie wird nicht antworten. Sie werden sie in der Badewanne finden, weiß im blutroten Wasser, auf dem Dachboden, erhängt, zerschmettert im Hof. Davor möchte ich Sie gerne bewahren.

JOHNS ZWEITER BESUCH

John. Gustav.

JOHN You have heard about these cats or dogs who got lost for years and then one day they suddenly appear again. We had a cat like that. A white cat. An ugly cat. Fat. And dumb.

The kids made knots in her tail. Yes. And the cat liked it. One day, we went to the seaside. Holidays. Two weeks. Blackpool. You know Blackpool. The Tower. A lovely place. Anyway. But we had a problem. Nobody wanted to feed our cat. She was just too ugly. So we had to take her with us, and because we were afraid that the hotelmanager could refuse us, we hid the cat. You maybe should tape this story. It's a good story. Maybe you can sell it later. Or at least take some notes. Okay. The white cat. Ugly. Dumb. Blackpool. I should be telling you every little thing. About Blackpool. About my life. I think, the uniqueness of a mans life lies in the details. Millions and millions spend their holidays in Blackpool. Millions an millions have a cat. But only a few take their cats to Blackpool. You know. To show you that my life is unique, I should be telling you everything.

GUSTAV But I know that you are unique.

JOHN How can you know. You don't know anything about me.

GUSTAV Everyone is unique.

JOHN Yeah, blablabla, Doctor, blabla. We have to keep going on, we have no time.

GUSTAV We have plenty of it.

JOHN The point is. We hid the cat in the hotel room. We saved some bacon from our breakfast. And before we went to the beach, we let her out on the balcony. On the last day of our holiday, we packed our suitcases and went for a final swim in the sea. When we came back, we found our luggage waiting in the lobby. We didn't go upstairs anymore. We drove home. We did not talk. About anything. We both knew that we had forgotten our white, dumb, fat cat. We knew it from the moment we left Blackpool. We never mentioned it again. I thought, that one day we would get a call from Blackpool, that they had found our cat, but it never came. And three years, four months and five days later, on a Sunday afternoon, we heard a miaouw. We both knew it right away. I just opened the door and in came our cat. My wife didn't say a word, but she was shocked. From Blackpool it's more than a hundred miles. My wife's eyes popped. Big eyes. The pupils totally surrounded by the whites. And not a single movement of the lid. Just shocked. I think I had already thrown away the feeding bowl. Then she went into the kitchen and brought some milk. That was all. The neighbours told the papers. A photographer came and took a picture. We were all in the Birmingham News. Me, the ugly white cat and my wife with her mad eyes. That's why I am telling you the story. When I went home, the last time, after leaving you, and my wife saw me, she looked at me just like she had looked at the cat. She said: I have already thrown away your teacup. That was all. You are laughing. Doctor. Don't deny it. I know. It's a good story. There are thousands like it. Maybe.

GUSTAV Go on.

JOHN I was just thinking. About all these funny stories I know. I could dictate them to you. And you could write them down. And after my death you can publish them. With my face on the cover. And a yellow sticker on my cheek. Died just before publication. A best-seller. And the money you make you can put in a trust named after me. Do you have a tape recorder.

GUSTAV No, I don't. Sorry.

JOHN I have one. An old one. But a good one. In my younger days, I was a Birdsong Collecter. Suisuisui. That's the lark. Ziwizwi. The spinus. Bururu. The blackcap. I am boring. I will get it. Don't think I am a coward. I just like to take chances. I will come back. With the tape recorder.

GUSTAV STROM WIRD AUS DER ÄRZTEKAMMER AUSGESCHLOSSEN
Eva. Gustav.

EVA »Ihre Ansichten«, schreibt die Ärztekammer, »sind mit den Standesregeln nicht vereinbar. Der durchaus notwendigen Diskussion um Sterbehilfe bei Gemütskranken, wird mit diesen extremen Ansichten bloß geschadet. Eine Arztpraxis darf kein Ort des Todes werden. Sie muss, im Gegenteil, ein Hort der Hoffnung und des Lebens bleiben. Der Vorstand, mit Datum dieses Schreibens, hat deshalb beschlossen, sein Mitglied Gustav Strom, gemäß den Statuten auszuschließen und ihm die Zulassung zu entziehen«. Windfähnchen. Fürchten nichts wie die schlechte Presse. Der Herr Präsident der Ärztekammer will wiedergewählt werden ins nationale Parlament. Noch ist die veröffentlichte Meinung gegen dich, und deshalb ächten sie dich. Es ist gut, schlechte Presse zu haben. Es ist gut, anonyme Briefe zu erhalten. Statt dass deine Herren Kollegen ihr Ansehen, ihr Wissen einsetzen um das Bewusstsein zu ändern, das falsche, Leid verursachende, brandmarken sie dich. Und schieben derweil Sterbende ins Badezimmer. Die Geschichte wird dir Recht geben. Wie sich die Sexualität aus den Fesseln der Moral gelöst hat, wird sich eines Tages das Sterben befreien.

GUSTAV Eva. Ich werde keine Rezepte mehr ausstellen können. Woher nehmen wir nun das Pentobarbital.

EVA Die Gesellschaft, vor hundert Jahren, hat die Abtreibung als ein Werk des Teufels erklärt und die Frauen zu den Quacksalbern geschickt, zu den Kräuterweibern, in die Hinterzimmer. Es war ihr lieber, wenn die Frauen sich mit langen heißen Nadeln die Frucht auskratzen ließen und erbärmlich an der Sepsis krepierten, weil man nämlich vom Fötus nicht immer alles erwischt, und sich das vergessene Stück Hirn, das Füßchen, das Leberrestchen sehr leicht entzündet.

GUSTAV Hörst du mir zu. Woher nehmen wir jetzt das Pentobarbital.
EVA Dann müssen wir eben eine andere Methode finden. Wir entwickeln Suizidformen, die eine direkte ärztliche Mitwirkung erübrigen.

WALTER IST VERCHLÜPFT

Walter. Gustav.

WALTER Doktor Strom. Auf ein Wort. Was denken Sie von mir.
GUSTAV Nur Gutes, Walter, nur Gutes.
WALTER Denken Sie, ich sei ein moderner Mensch.
GUSTAV Aber ohne jeden Zweifel.
WALTER Habe ich nicht immer den medizinischen Fortschritt verteidigt.
GUSTAV So und nicht anders kennen wir unseren Walter.
WALTER Bin ich nicht von meinem Wesen her, genau wie Sie, Herr Doktor, ein lösungsorientierter Mensch.
GUSTAV So weit ich das beurteilen kann.
WALTER Was soll das nun heißen.
GUSTAV Sie sind ein lösungsorientierter Mensch, Walter, ganz gewiss.
WALTER Eben. Wie wars denn. Wir hatten hier einen Sterbehelfer, der eine Wohnung benötigte. Bisher hat er seine Sache im Wohnmobil erledigt. Gut. Eine Wohnung also. Er kriegt sie aber nicht. Gut. Weil die rückständigen Wohnungsvermieter denken, eine Leiche sei etwas Schmutziges. Ist aber nichts Schmutziges. Das haben Sie mir erklärt.
GUSTAV Genau.
WALTER Und ich habe es verstanden. Eine Leiche ist kein Infektionsrisiko. Stimmt doch.
GUSTAV Stimmt ganz genau.
WALTER Sie kotzt nicht, scheißt nicht, hustet nicht. Also.

Warum soll ich Herrn Doktor Gustav Strom diese Wohnung nicht vermieten. Das wäre doch irrational. Aber ich bin nicht irrational. Ich bin ein moderner Mensch. Ich nehme sogar finanzielle Nachteile in Kauf. Große finanzielle Nachteile. Enorme finanzielle Nachteile.

GUSTAV Wir sind Ihnen sehr.

WALTER Sie brauchen sich nicht zu bedanken. Ich tue es nicht deswegen.

Habe ich nicht immer gesagt: Leben und leben lassen.

GUSTAV Und das ehrt Sie auch, Walter, das ehrt Sie.

WALTER Es ist also bekannt, dass ich nicht unmodern bin.

GUSTAV Walter, worüber haben Sie sich geärgert.

WALTER Ich habe mich nicht geärgert.

GUSTAV Was ist.

WALTER Ich habe Sie im Fernsehen gesehen. In dieser Diskussionssendung. Wie Sie über Ihre Methode gesprochen haben. Herr Doktor. Das geht doch nicht.

GUSTAV Was geht nicht.

WALTER Mit diesem Plastiksack.

GUSTAV Ach, daher weht der Wind.

WALTER Ich bin nicht unmodern, aber das geht doch nicht.

GUSTAV Wir haben leider keine andere Wahl.

WALTER Und warum nicht.

GUSTAV Man hat mich aus der Ärztekammer ausgeschlossen.

WALTER Ausgeschlossen.

GUSTAV Ich darf keine Rezepte mehr verschreiben.

WALTER So sind Sie etwa kein Doktor mehr.

GUSTAV Natürlich bin ich noch Doktor.

WALTER Diese Methode mit dem Plastiksack. Das ist doch kriminell. Kennt man doch aus den Mafiafilmen. Der Killer, mit Handschuhen, nähert sich dem Ahnungslosen von hinten.

GUSTAV Das hat doch damit nichts zu tun.

WALTER Das ist doch nicht zivilisiert. Das passt doch nicht zu Ihnen, Herr Doktor.

GUSTAV Und was passt zu mir.
WALTER Eine elegantere Methode wohl.
GUSTAV Euch gehts bloß um die Ästhetik.
WALTER Worum geht es uns.
GUSTAV Die Ästhetik.
WALTER Und wer ist euch. Sie glauben, ich sei wie alle anderen. Wäre ich wie alle anderen, Herr Doktor, ich würde Sie mitsamt Ihrer schönen Sterbehelferei aus meiner Wohnung werfen, und dann würde ich Sie einer Spießerfamilie mit zwei Kindern vermieten und ich hätte meine Ruhe und nicht diese Scherereien. Dann müssten Sie wohl wieder zurück in Ihr Wohnmobil auf den Parkplatz. Wenn ich ein Spießer wäre.
GUSTAV Aber das sind Sie ja nicht. Glücklicherweise.
WALTER Das steht fest. Ich mag es einfach nicht, wenn ich verchlüpfe. Unangenehm so etwas.
GUSTAV Tut mir leid. Wollte ich nicht.
WALTER Ich dachte eben, dass Sie die Leute einschläfern.
GUSTAV Einschläfern.
WALTER Jedenfalls nicht ersticken.
GUSTAV Die Patienten spüren nichts.
WALTER Wie können Sie das wissen.
GUSTAV Sie müssten es gesehen haben.
WALTER Ja, glauben Sie, das wäre möglich, Herr Doktor.
GUSTAV Sie möchten dabei sein.
WALTER Immerhin bin ich der Vermieter.
GUSTAV Ich fürchte, Walter, das geht nicht.
WALTER Ich habe ja Morgen meinen jährlichen Arzttermin. Bei mir ist das ja klassisch aus dem Fenster geworfenes Geld. Ich fühle mich nämlich prächtig, besser als mit zwanzig. Meinen Appetit sollten Sie einmal erleben. Der Doktor wird nichts finden, ganz bestimmt wird der nichts finden. Am besten, ich werde diesen Termin kurzfristig absagen.
GUSTAV Würde ich nicht.
WALTER Nicht.
GUSTAV Es kann nicht schaden, wenn Sie hingehen.

WALTER Was soll das jetzt heißen. Mache ich einen ungesunden Eindruck.
GUSTAV Aber nein, Walter, aber nein.
WALTER Vielleicht haben Sie recht. Ich habe ja schließlich nichts zu befürchten, nicht wahr, Herr Doktor.
GUSTAV Bestimmt nicht, Walter.
WALTER Herr Doktor. Was verwenden Sie für Plastiktüten.
GUSTAV Ganz gewöhnliche. Wie für die Gefriertruhe.
WALTER Ich nehme da Melitta Toppits.
GUSTAV Ja, die werdens sein.
WALTER Und darunter kriegt man keine Panik.
GUSTAV Das kann ich Ihnen versichern.
WALTER Sie müssen verstehen. Wenn mans zum ersten Mal hört, dann verchlüpft man automatisch. Kann man nichts machen. Auch wenn man sonst kein Spießer ist, aber ein kleines bisschen Spießer ist in einem jeden übrig, und dieser Rest verchlüpft dann bei solchen Dingen. Unangenehm, so etwas, Herr Strom, fürchterlich unangenehm. Ja, dann haben wir es jetzt, nicht.

GUSTAV KEHRT AUS DER
UNTERSUCHUNGSHAFT ZURÜCK

Gustav. Eva.

GUSTAV Der Untersuchungsrichter war freundlich. Diese Leute sind alle freundlich. Ausgesucht freundlich. Über seinem Schreibtisch hing ein farbiger Dutzenddruck. Tim und Struppi in Amerika. Darauf einige Chicagogangster mit einer gezückten Browning. Kaffee wollte er servieren. Da konnte ich noch ablehnen. Nichts von ihrer Kultur will ich mir einverleiben. Ich trank vierundzwanzig Stunden keinen Schluck, ich aß vier Tage nichts. Dann musste ich. Das Gefängnis war sehr modern. Wie eine Arztpraxis oder ein Kinderhort. Mit bunten Plastikstühlen und grün gestrichenem Flur. Da blieb ich. Drei Wochen. Die staatlichen Institutionen sind Repressionsinstrumente, den Willen des freien Menschen zu brechen, und das hervorragendste Mittel ist die Nahrung. Nahrung. Nein, keine Nahrung. Ohne Vitamine, ohne Spurenelemente, besser würde man Fischkleister löffeln. Reines Glutamat, man verreckt daran. Ein Psychiater besuchte mich. Oder: Man brachte mich zu ihm. Er befragte mich. Er meinte, ich sei krank. Nein, er habe keine persönliche Meinung. Ich sei fixiert. Ich sähe nur den Tod. Das ist ein System, das menschliches Leben verachtet. Und sie kommen mir mit dem Tod. Dann holten sie mich um sechs Uhr früh und brachten mich in ein Verhörzimmer. Das hatte zwar kein Fenster, aber das Licht war so hell wie auf einem Fußballplatz, abends. Und ich war kaputt vom Glutamat. Warum, Herr Strom, leisten Sie Depressiven Sterbehilfe. Was sind Ihre Gründe. Meine Gründe. Es ist ganz einfach. Wenn du an einer Krankheit im terminalen Stadium leidest und dein Leiden keine Aussicht auf Besserung lässt, wenn deine Zukunftsperspektiven gerade bis zur nächsten Dosis Morphium reichen, bis dahin, dass die Schwester deine volle Windel wechselt; wenn du statt zu sprechen nur noch röchelst, statt zu atmen, nur noch gurgelst, wenn du alt bist, wenn du flach liegst, wenn dich deine Liebsten nicht mehr erkennen, wenn das Bild in deinem eigenen Pass dir nicht ähnlicher sieht als das Bild im Pass irgendeines Fremden, wenn deine Angehörigen unter der Last deines Lebens stöhnen, wenn deine Verwandten sonntags an deinem Bett betreten lächeln und dich zu deiner Tapferkeit beglückwünschen, wenn du schon in ihrer Abwendung ihre Erleichterung spürst, diesen Besuch hinter sich zu haben; wenn keiner, der dich länger als zwei Monate nicht gesehen hat, dich noch erkennt, wenn von deinem Leben, so, wie du es gekannt hast, nichts mehr übrig ist, wenn dein ganzes Werk, was du gebaut, gemalt, gekauft, erschaffen, geliebt, getan hast, wofür du eingestanden bist, gekämpft hast, was du verehrt, verachtet hast, wenn dies

alles zu vergessen gehen droht hinter deinem Hinfall, deine Schönheit, dein Lachen, die Weise, wie dein Haar fiel in die Stirn, das Funkeln in deinen Augen, wenn jede Erinnerung überdeckt wird von der stinkenden Fratze, die der Tod in dein Gesicht gezeichnet hat, und wenn du in einer Woche mehr Pflege, mehr Kosten verursachst als in deinem ganzen vorherigen Leben, dann wirst du noch heute zehn Organisationen finden, hundert Barmherzige, die eine Spritze in deinen dürren Arm setzen, dir den erlösenden Tod schenken und sich dabei innerlich einen Orden zusprechen für die große humanistische Tat, die sie eben leisten durften.
Und andernfalls. Wenn du nach Monaten der Befragung, nach durchwachten Nächten der Selbstzermarterung zur festen Überzeugung gekommen bist, dass deine Existenz keinen Sinn hat, dein Körper, die Härchen auf deinen Unterarmen, die Pickel an deinem Hintern, deine Gedanken, was du sagst, wie du heißt, keinen Sinn hat, wenn deine Ausscheidungen vielleicht das Nützlichste sind an dir, wenn du niemanden dienst, niemanden störst, wenn du dich nicht einmal krank fühlst, wenn du den Ärzten glaubst, dass du jederzeit einen Dauerlauf von einer Stunde bestreiten könntest, wenn du dich zu überflüssig findest um dich krank zu fühlen, wenn du zu tot bist, um irgendetwas zu fühlen und wenn sie dir noch eine Hoffnung lassen, den nächsten Fortschritt der modernen Psychopharmakologie an deinen defekten Synapsen ausprobieren, und wenn du aber in den letzten Jahren schon den ganzen Eintrag unter Neuroleptika im Pschyrembel gefressen hast, wenn du alle paar Monate ein paar Monate auf der Abteilung G verbringst, im orangegrünen Mobiliar, und wenn du dort morgens neben der Kaffeemaschine sitzt und rauchst, bis du in die Körpertherapie darfst, und wenn du nachmittags neben der Kaffeemaschine sitzt und rauchst, bis man dich in die Gesprächstherapie ruft, und nicht mehr weißt, was du noch erzählen sollst, weil du schon alles erzählt hast, zehn Mal deine Kindheit, zehn Mal deine Jugend, zehn Mal die Kind-

heit deiner Mutter und zehnmal die Jugend deiner Mutter, und wenn dir mittlerweile die Geschichten durcheinander kommen und du nicht mehr weißt, wer als Kind Orangenlimonade mochte, du oder deine Mutter, und wenn sie dich irgendwann doch wieder nach Hause lassen, einfach, weil sie nicht mehr wissen, was sie mit dir noch anstellen sollen, vollgestopft mit Leponex, aufgeschwemmt vom Thorazin, und wenn deine Haut so aufgedunsen ist wie ein Hähnchen im Backofen, kurz bevor es braun wird, und wenn du nach Hause kommst, und es riecht nach Staub, und du weißt, dass du dein Sofa störst, die Küche lieber allein geblieben wäre und dein Kühlschrank dich auslacht, na immer noch am Leben, und wenn die Spülung am Klo singt, ichwillnichtmehr, ichwillnichtmehr, und das Parkett unter deinen Füßen die Worte Machsdoch, Machsdoch knirschen. Wer wird dir dann helfen. Nur einer, ich, Gustav Strom.

ALICE HAT EIN NEUES KLEID

Gustav. Alice.

GUSTAV Du hast ein neues Kleid.
ALICE Gefällt es Dir. Ich bin nicht sicher, ob mir die Farbe steht.
GUSTAV Sie steht dir ausgezeichnet.
ALICE Darin will ich sterben.
Seit ich weiß, dass mein Leben bald zu Ende ist, geht es besser. Gestern war ich am Hafen. Habe einen dieser Supertanker besichtigt. Giganten der Meere. Für ein paar Euro führen sie Touristen herum. Dann habe ich ein Fischbrot gegessen. Das hat richtig Spaß gemacht.
GUSTAV Sehr gut.
ALICE Aber bloß, weil es das letzte Mal war. Das ist der letzte Supertanker, den du in deinem Leben zu sehen bekommst. Die letzten Japaner. Das letzte Fischbrot. Das war ein voll-

kommen gewöhnliches Fischbrot mit Zwiebeln, aber es hat geschmeckt wie nie. Und so ist es mit allem. Die Welt ist wie neu. Nichts entgeht mir, nichts ist nebensächlich. Wenn es so bleiben könnte, wie es sich gerade anfühlt. So zum letzten Mal. So verletzlich. Wenn ich jedes Bild noch genau einmal sehen dürfte, jeden Duft nur noch einmal riechen, jedes Aroma bloß noch einmal schmecken. So würde es gehen.
Bist du immer so.
GUSTAV Wie.
ALICE So, wie du jetzt bist.
GUSTAV Und wie bin ich.
ALICE So eigen. So seltsam. So verletzlich.
GUSTAV Dann war ich immer verletzlich, seltsam und eigen.
ALICE Ich habe dich noch nie gesehen. Warum sind Sie hier. Warum besuchen Sie mich.
GUSTAV Das hast du bestimmt nicht vergessen.
ALICE Vielleicht habe ich es noch nie gewusst.
GUSTAV Du hast mich um meine Hilfe gebeten.
ALICE Und. Hilfst du mir.
GUSTAV Wenn du es willst.
ALICE Will ich denn.
GUSTAV Du warst dir sehr sicher.
ALICE Du siehst müde aus.
Hast du Kummer.
GUSTAV Nicht der Rede wert.
ALICE Dich macht nicht glücklich, was du tust.
GUSTAV Das ist nicht wichtig.
ALICE Bist du nicht wichtig.
GUSTAV Die Sache ist wichtig.
ALICE Welche Sache.
GUSTAV Alice. Du bist wichtig. Deine Wünsche. Dass alles gut vorbereitet ist. Dass du keine Angst zu haben brauchst.
ALICE Urlaub würde dir guttun.
GUSTAV Urlaub. Was ist das.
ALICE Ich kenne ein kleines Hotel, nicht weit von hier. An der Nordsee. Man sieht auf das Meer, die Brandung. Der

Strand ist sehr schön dort. Es hat Möwen, groß wie Seeadler. Das wird dir gefallen.
GUSTAV Wir können nicht zusammen wegfahren.
ALICE Zusammen. Daran habe ich gar nicht gedacht. Gute Idee.

EVA WITTERT GEFAHR

Gustav. Eva.

GUSTAV Morgen, Eva, kommt Helene Brauchler. Zweiundfünfzig Jahre alt, und der Hautkrebs hat ihr das halbe Gesicht weggefressen. Ich war vor einer Woche bei ihr. Die schlimmsten Stellen hat sie mit einem dicken Verband zugedeckt, aber ein menschliches Dasein führt Frau Brauchler nicht. Sie hat sich ein Zimmer eingerichtet, mit einem Nachttopf und einer Herdplatte, weil sie ihrem Mann und ihrer Tochter nicht unvorbereitet begegnen will. Und die guten Ärzte im Kantonsspital haben zu ihr gesagt: Lebensbedrohlich, Frau Brauchler, ist der Krebs in diesem Stadium nicht. Sie hat keine Nase mehr. Wo die Wange war, hat sie ein braunes Loch, man kann die Zähne sehen. Frau Brauchler war achtmal beim plastischen Chirurgen. Sie können nicht so schnell ansetzen, wie der Krebs das Gesicht wegfrisst. Ich weiß nicht, was diese Unmenschen sich vorstellen. Sie würden die Frau zehn Jahre weiter vegetieren lassen. Einer hat zu ihr gesagt, dass Schönheit von innen kommt, und dass die Menschen sie nicht wegen ihres Äußeren lieben würden. Hohn, Eva, ein Hohn. Frau Brauchler kommt um zehn. Sie möchte um ein Uhr sterben. Um ein Uhr ist sie zur Welt gekommen, und sie möchte ihren Kreis vollenden. Wir werden alles tun, was Frau Brauchler sich wünscht.
EVA Warum willst du mit Alice in dieses Hotel fahren. Sie kann dort nicht sterben.

GUSTAV Sie wird dort nicht sterben. Sie will noch einmal das Meer sehen. Sie war als Kind oft dort, hat Muscheln gesammelt. Das will sie noch einmal sehen.
EVA Die Mutter soll sie begleiten.
GUSTAV Sie haben kein sehr gutes Verhältnis.
EVA Und ihr habt ein gutes Verhältnis.
GUSTAV Mir wird ein bisschen Ruhe auch nicht schaden.
EVA Du wirst dich auf das Fachliche beschränken. Sie ist deine Patientin. Denk daran.

AM MEER

Alice. Gustav.

ALICE Was wirst du anziehen. Am Tag meines Todes. Doch nicht diese Cordhose.
GUSTAV Ich habe keine besondere Garderobe für diesen Tag.
ALICE Verstehe. Für dich ist es Routine.
GUSTAV Routine gibt es nicht. Jeder Mensch ist anders.
ALICE Hast du keinen Anzug.
GUSTAV Bloß meinen Hochzeitsanzug.
ALICE Du warst verheiratet.
GUSTAV Das ist lange her.
ALICE Wer war sie.
GUSTAV Eine Ärztin. Wir lernten uns im Studium kennen.
ALICE Warum gings auseinander.
GUSTAV Warum interessiert dich das.
ALICE Du brauchst nichts zu erzählen.
GUSTAV Ich will bloß wissen, warum du dich dafür interessierst.
ALICE An dir interessiert mich alles. Schließlich bist du mein zukünftiger Mörder.
GUSTAV Sie hatte ein Problem mit meinen Händen.
ALICE Mit deinen Händen.

GUSTAV Sie ekelte sich. Sie dachte, ich würde die Leichen berühren.
ALICE Und. Berührst du die Leichen.
GUSTAV Kaum. Ich drücke ihnen die Augen zu. Streiche ihnen das Haar aus dem Gesicht.
ALICE Macht dir das etwas aus.
GUSTAV Nein, warum auch.
ALICE Wirst du das für mich auch tun.
GUSTAV Natürlich. Wenn es notwendig sein wird.
ALICE Zeigs mir.
GUSTAV Wie.
ALICE Wie du meine Augen zudrücken und das Haar aus dem Gesicht streichen wirst.
GUSTAV Wozu soll das gut sein.
ALICE Macht dir das etwas aus. Ich lebe noch. Du ekelst dich vor mir.
GUSTAV Ich fürchte nur, wir könnten zu weit gehen.
ALICE Wie weit ist zu weit.
GUSTAV Wir sollten uns auf das Fachliche beschränken.
ALICE Was ist das Fachliche.
GUSTAV Ich bin dein Arzt. Du bist meine Patientin. Du willst sterben. Ich helfe dir dabei.

EVA PRÜFT ALICES KLAREN VERSTAND

Eva. Alice.

EVA Gustav möchte, dass ich in einem Gespräch kläre, ob Sie Ihren Entschluss bei klarem Verstand getroffen haben.
ALICE Kommt er nicht selbst.
Ich freue mich immer, mit einem jungen und hoffnungsfrohen Menschen zu plaudern. Schießen Sie los. Ich meine. Stellen Sie Ihre Fragen.
EVA Können sie etwas über Ihre religiöse Ausrichtung erzählen.

ALICE Ich mag Heiligenbilder, Madonnenkitsch, goldene Buddhas, ich besitze zwei, als Räucherstäbchenhalter. Als ich jünger war, habe ich mir etwas auf meine spirituelle Ader eingebildet. Bis ich einsah, dass ich höchstens Durchschnitt bin. Mag die Mitternachtsmesse an Weihnachten, und wer mag die nicht. Verstehe, vom Kopf her, meine ich, dass man die Bilder aus den Kirchen gerissen hat, in der Reformation. Reicht das.
EVA Sie haben nicht den Eindruck, in irgendeiner Weise auserwählt, erkoren zu sein.
ALICE Ich bin Durchschnitt, wie gesagt.
EVA Dass Sie mit Ihrem Tod ein Opfer bringen für den Kult des Allerhöchsten.
ALICE Nichts dergleichen.
EVA Glauben Sie an Seelenwanderung.
ALICE Keine Ahnung. Kann sein.
EVA Ein Wort zu Ihrer politischen Haltung.
ALICE Habe ich nicht. Ich finde mich nicht schlecht regiert. Was mein Leid betrifft, so rührt es nicht von einer schlechten Regierung. Wenn Sie es genau wissen wollen.
EVA Sehr genau.
ALICE Ich bin eine Wechselwählerin. Einmal rechts, einmal links. Das finde ich gerecht. Jeder soll einmal zum Zug kommen.
EVA Wenn Sie nun Ihr Leben betrachten. Welches war der wichtigste, der entscheidende Augenblick. Mit Ausnahme Ihrer Geburt natürlich.
ALICE Der Tag, an dem ich meine Diagnose erhielt. Als feststand, dass mir in diesem Leben nicht zu helfen ist. Da fühlte ich mich den anderen Menschen voraus. Uns ist ja allen nicht zu helfen.
EVA Ihrer Ansicht nach ist die Menschheit als Gesamtheit verloren.
ALICE Es gab vor einigen Jahren diesen rumänischen Ökonomen, der ein vollkommen neues Wirtschaftsmodell etablierte. Die Bisherigen gingen davon aus, dass sich alles in

einem Kreislauf bewegt. Arbeit, Konsum, Investition. Auf einen Aufschwung folgt ein Abschwung. Auf Überfluss folgt Knappheit. Undsoweiter. Und dieser Rumäne nun, er hat herausgefunden, dass dies alles nicht stimmt. Es gibt keinen Kreislauf, nur eine schöne gerade Linie zum Untergang hin. Seine Kollegen applaudierten. Der Mann hat recht, riefen sie. Das Öl geht zu Neige. Die Sonne verbrennt sich. Wie konnten wir das nur übersehen. Er hat uns die Augen geöffnet. Ein Genie. Aber leider ist seine Theorie für unser Leben vollkommen unnütz, untauglich. Wie sollen wir damit das Bruttosozialprodukt berechnen, und wie den Lombardsatz. Das geht nicht. Und so kehrten sie zurück zu ihren Modellen, zu ihren schönen, runden, falschen Kreisläufen.

EVA Was wollen Sie damit sagen.

ALICE Eva. Mädchen. Ich bin vollkommen klar im Kopf. Ich werde am nächsten Mittwoch das Mittel einnehmen und mir einen Plastiksack über den Kopf ziehen. Und Gustav Strom wird dabei sein. Sagen Sie das Ihrem Vorbild. Ihrem großen Bruder. Ihrem Gustav.

ABSCHIED

Alice. Lotte.

ALICE Den Wohnungsschlüssel habe ich auf die Ablage gelegt, und meinen Namen vom Briefkasten abgeschraubt. Montag kommt der Mensch vom Gaswerk. Die Scheibe im Klo hat einen Sprung, und das Eisfach schließt nicht richtig.

LOTTE Muss ich das aufschreiben.

ALICE Ich habe eine Liste gemacht. Liegt auf der Anrichte. Da hats auch einen Brief für dich. Lies ihn bitte erst in ein paar Tagen.

Lotte Einen Brief. Du hast mir noch nie einen Brief geschrieben.
Alice Es gibt ein paar Dinge, die du wissen sollst.
Lotte Sags mir doch einfach.
Alice Das kann ich nicht.
 Falls du Auslagen hast, Geld liegt auch dabei.
Lotte Ich will kein Geld.
Alice Dann schenks der Heilsarmee.
Lotte Wo ist dein Gepäck.
Alice Brauche ich nicht. Bloß die Handtasche.
Lotte Hast du wenigstens einen Imbiss eingepackt.
Alice Ich kauf mir etwas am Bahnhof.
Lotte Die haben solche Preise. Und das Zeug liegt tagelang rum.
Alice Ist doch auch egal.
Lotte Ich hab dir was mitgebracht. Für die Reise.
Alice Eine Bibel.
Lotte Aber in einer neuen modernen Übersetzung. Gemacht für Euch jungen Leute. Sogar Bilder hats drin. Vom Heiligen Land. Ich habe dir ein paar Stellen angestrichen. Vielleicht hilft dir das.
 Die Glocke geht.
Lotte Wer ist das.
Alice Das wird mein Taxi sein.
 Was ist jetzt. Warum setzt du dich auf den Boden.
Lotte Weiß nicht. Es geht schon.
 Alice. Du hast ein Muttermal. Gleich über dem Gesäß. Wo dein Blick nicht hinreicht. Ein bisschen wie ein Schmetterling.
Alice Warum sagst du das jetzt.
Lotte Ich sahs gerade deutlich vor mir.
 Die Glocke, dein Taxi ist da.
 Worauf wartest du. Du verpasst noch deinen Zug.
Alice Ich kann dich doch nicht hier sitzen lassen.
Lotte Natürlich kannst du.
Alice Gibst du mir deinen Segen.

LOTTE Meinen Segen.
ALICE Bitte.
  Mama.
LOTTE Jetzt geh schon, Kind, geh schon.

JOHNS LETZTER BESUCH

Gustav. Eva. John.
John, im Rollstuhl, mit dem Tonband in einer Ecke,
hört sich die Vogelstimmen an.

GUSTAV Eva. John ist nun das dritte Mal hier. Das erste Mal war er betrunken. Das zweite Mal hatte er die Idee mit der Stiftung. Er ist mittlerweile zu schwach, um selbst zu gehen. In zwei Wochen ist er ohnehin tot. Sag ihm das.
EVA Was soll ich ihm sagen.
JOHN Er kann nicht wieder nach Hause. Das würde er nicht überleben.
EVA John.
JOHN You don't have to translate. The doctor is angry with me. I understand.
EVA No, it's just. You are very weak, John.
JOHN Yes. Very weak. Can we sing a song.
EVA I don't think that's the right the moment to sing, John.
JOHN Okay. I will sing for myself.
GUSTAV Was sagt er.
EVA Jetzt will er singen.
GUSTAV Sag ihm, dass er in zwei Wochen tot sein wird. Warum hat er diese Reise gemacht. Er hätte genauso gut zu Hause bleiben können, wenn er sich nicht entschließen kann. Ich will nicht verantworten, dass er noch einmal zurückkehrt nach Birmingham. Schon wegen seiner Frau nicht. Dieses Hinundher ist ganz unerträglich. Für sie.
EVA John. The doctor wants you to know, that you will be dead in two weeks.

JOHN Two more weeks. That's fine. I will take them.
I am scared.
EVA Er hat Angst.
GUSTAV Das ist normal. Braucht ihn nicht zu beunruhigen.
EVA John. What's the problem.
JOHN I am so afraid.
EVA Er hat Angst.
GUSTAV Wovor.
EVA What are you afraid of.
JOHN Promise not to laugh.
EVA Promised.
JOHN I am afraid to die.
GUSTAV John, it will be very easy, don't worry.

ALICE STIRBT

Alice. Gustav.

ALICE So ein schönes Land. Die Schweiz. Bei uns sind die Bahnhöfe ja Löcher. Aber hier. So menschenfreundlich. Da möchte man direkt drin wohnen. Und diese Blumenrabatte überall. Toll. Gustav. Ich bin ein bisschen enttäuscht.
GUSTAV So.
ALICE Ich kam an zwei Sexshops vorbei, und überall diese Abfallberge. Das ist ein schlechtes Viertel, dieses Viertel.
GUSTAV Darauf habe ich dich vorbereitet.
ALICE Ich meine ja nur. Du brauchst nicht beleidigt sein. Ich verstehs ja.
GUSTAV Was verstehst du.
ALICE Dass du sparen musst.
GUSTAV Muß ich doch überhaupt nicht.
ALICE Ich nehme es nicht persönlich.
GUSTAV Gut.
ALICE Du darfst schließlich keine Honorare nehmen. Darum diese billige Wohnung.

GUSTAV Naja.
ALICE Nicht billig.
GUSTAV Ist doch egal.
ALICE Sags.
GUSTAV Achtzehnhundert.
ALICE Das ist ein Witz. Achtzehnhundert. Das muss ein Witz sein. Für dieses verlebte Loch. Diese Teppiche. Wie tote Katzen. Und gibts einen Balkon.
GUSTAV Alice. Bitte.
ALICE Wie.
GUSTAV Das ist jetzt doch ganz vollkommen einerlei.
ALICE Hast recht. Vollkommen einerlei.
GUSTAV Gut. Entspann dich.
ALICE Warum.
GUSTAV Du bist verkrampft.
ALICE Na und. Man stirbt schließlich nicht alle Tage.
GUSTAV Folge meinem Atem. So. Ruhig. Und einatmen. Und ausatmen. Einatmen. Ausatmen. Gehts besser.
ALICE Ja.
GUSTAV Gut.
ALICE Gustav.
 Was sind eigentlich Milken.
GUSTAV Milken.
ALICE Das stand auf einer Tafel, unten an der Kneipe. Milken und Kartoffelstock neunzehn Franken.
GUSTAV Das sind Innereien, fürchte ich.
 Was aus dem Kalb.
ALICE Wollen wir das essen gehen.
GUSTAV Um Gotteswillen, nein.
ALICE Warum nicht.
GUSTAV Das ist doch widerlich. Kälbereingeweide.
ALICE Schlechte Idee.
GUSTAV Ja.
ALICE Verzeih.
 Ich bin mit einem Mal so müde.
GUSTAV Du entspannst dich.

Alice. Schau einmal. Wie willst du. Sitzend. Oder lieber liegend.
ALICE Wie.
GUSTAV Also. Es geht darum, dass du jetzt das Rohypnol trinkst.
ALICE Habe ich schon genommen.
GUSTAV Nein, Alice, noch nicht.
ALICE Doch, das habe ich schon genommen.
GUSTAV Aber dort steht das Glas noch. Siehst du.
ALICE Aber ich habe doch vorhin etwas genommen.
GUSTAV Bloß Beruhigungsmittel.
ALICE Beruhigungsmittel.
 Und ich dachte.
GUSTAV Du warst so aufgeregt.
ALICE Jetzt bin ich ruhig. Also. Reichst du es mir.
GUSTAV Bitte.
ALICE Das Glas. Ich bin so müde.
GUSTAV Augenblick. Möchtest du lieber sitzen oder liegen.
ALICE Liegen. Ich kann nicht liegend trinken.
GUSTAV Klar. Trinken bestimmt im Sitzen, bloß der Plastiksack.
ALICE Plastiksack.
GUSTAV Alice. Es geht darum, du musst dir, also. Zuerst trinkst du das aufgelöste Rohypnol, und dann musst du, diesen Plastiksack, hier, so, von oben über den Kopf ziehen. Wie eine Kapuze. Und die Frage ist, möchtest du dazu lieber sitzen oder liegen.
ALICE Das weiß ich jetzt nicht.
GUSTAV Nun.
ALICE Was ist besser.
GUSTAV Das liegt ganz in deinem Ermessen.
ALICE Sag du.
GUSTAV Wenn du sitzt, wirst du vielleicht hinfallen.
ALICE Warum.
GUSTAV Nun, weil du die Besinnung verlierst und damit die Kontrolle.

ALICE Ich falle hin.
GUSTAV Ja. Vornüber.
ALICE Auf den Boden.
GUSTAV Vielleicht. Wahrscheinlich. Ja.
ALICE Ich weiß nicht, ob ich mich getrau.
GUSTAV Ja.
   Alice. Was tust du jetzt.
ALICE Das Rohypnol trinken. Hast du doch gesagt.
GUSTAV War das nicht ein bisschen.
ALICE Wie.
GUSTAV Übereilt.
ALICE Muss ich noch etwas.
GUSTAV Jetzt müssen wir uns beeilen.
   Die Wirkung tritt ziemlich schnell ein.
ALICE Wie schnell.
GUSTAV Hast du etwas gegessen.
ALICE Nichts.
GUSTAV Es wirkt in Minuten. Du hast begriffen.
ALICE Ich muss die Plastiktüte. Wo ist die Plastiktüte.
GUSTAV Hier. Sie liegt neben dir.
ALICE Das hier, ist sie das.
GUSTAV Ja, das ist sie.
ALICE Mach du das doch für mich.
GUSTAV Wie.
ALICE Mit dieser Tüte. Vielleicht bin ich zu ungeschickt.
GUSTAV Das kann ich nicht.
ALICE Hilf mir doch.
GUSTAV Ich darf nicht, Alice, das Gesetz.
ALICE Was für ein Gesetz.
GUSTAV Unser Gesetz. Das Strafgesetz. Das habe ich dir doch erklärt.
ALICE Also ich mache das jetzt.
GUSTAV Ja.
ALICE Wie eine Kapuze.
GUSTAV Richtig.
ALICE Richtig so.

GUSTAV Ganz richtig.
  Alice.
  Ich lasse dich jetzt alleine.
ALICE Warum.
GUSTAV Wir haben das so besprochen.
ALICE Ah ja.
GUSTAV Du wolltest alleine sein.
ALICE Geh nur, geh nur.
GUSTAV Lebwohl. Lebwohl, Alice.
ALICE Ja.
  Gustav.
GUSTAV Ja.
ALICE Gustav. Gustav.
GUSTAV Gut. Lebwohl.
ALICE Mama.
GUSTAV Wie.
ALICE Mama.

EINE FRAU HAT GUTE GRÜNDE

Gustav. Eva.

GUSTAV Eva, mach das Zimmer bereit, eine Frau braucht unsere Hilfe. Ihre Gründe. Keine Aufgabe mehr. Keiner da, der sie noch brauchen würde. Ein gutes Leben gehabt, aber ihre Existenz habe sich nun erübrigt. Sie solle sich in drei Wochen wieder melden, sagte ich ihr vor fünf Wochen. Sich die Sache noch einmal überlegen. Durch den Kopf gehen lassen. Nichts überstürzen. Auf den Tag genau drei Wochen später ruft sie wieder an. Ich bin nicht überzeugt. Zwei Wochen, habe ich gesagt, noch einmal zwei Wochen. Die Konsistenz des Sterbewunsches, sie verstehen, ist entscheidend. Also. Der Anruf kommt erneut pünktlich. Keine Änderung. Natürlich könnte sie noch einige Dinge unternehmen, zu denen sie zuletzt keine Zeit gefunden habe.

Natürlich könne sie wegfahren, Freunde treffen undsoweiter, und sie habe es auch versucht, habe Tagesreisen unternommen in die nähere Umgebung. Sei mit dem Bus auf die Kaiserhöhe gefahren, habe Kaffee getrunken, alles schön, alles gut. Sie sei ausgegangen, ins Theater, ins Konzert, aber sie habe nicht gewusst, was sie mit diesen ganzen Eindrücken anfangen sollte, zu Hause, mit sich alleine. Sie habe ja überhaupt niemanden, mit dem sie ihre Erlebnisse teilen könne. Sie habe verlernt Spaß zu haben. Sie sei nicht gemacht für die Freizeitkultur. Sie brauche eine Aufgabe. Sie habe sich gemeldet bei der Heilsarmee, habe Altenheime besucht, Krankenhäuser, habe Hände gehalten, Zeitungen vorgelesen, Obst gebracht, aber das sei ihr alles aufgesetzt erschienen, so künstlich, ihre Hilfe. Das sei ja gar keine Hilfe, bloße Ablenkung, und das sei nicht recht, den Kranken gegenüber. Dazu habe sie gesehen, was über kurz oder lang auf sie warte. Die Fürchterlichkeit des Alters, und, wie gesagt, sie habe nun ja niemanden mehr. Seit ihre Tochter gestorben sei. Keine Nachkommen. Sie habe in ihrem Leben ungefähr zweihundertsechzigtausend Euro gespart. Es sei besser, wenn dieses Geld Leuten zu Gute komme, die eine Zukunft vor sich hätten, nicht einer alten Schachtel ohne Perspektive. Sie wolle mit diesen zweihundertsechzigtausend lieber eine gute Sache unterstützen, anstatt eine alte, perspektivlose, unnütze Person bis zu ihrem unweigerlichen Ende durchfüttern. Sie denke eben nicht nur an sich. Eva. Du könntest Lotte begleiten. Sie hat gute Gründe, wir wollen ihr helfen.

I AM THE PASSENGER
Eva. Gustav.

EVA Alles ging glatt. Lotte war sehr gelassen. Bis ganz zum Schluss. Wir haben noch ein bisschen geplaudert, ich habe ihr den Ablauf erklärt, und dann haben wir uns verabschiedet und ich habe das Zimmer verlassen. Das war der schwierigste Augenblick, diese drei Schritte hinaus aus dem Zimmer, ihren Blick im Rücken. Habe mich in die Küche gesetzt, und wusste nicht, was ich in den nächsten Minuten tun sollte. Auf der Abtropfe standen schmutzige Kaffeetassen, aber ich getraute mich nicht, sie zu spülen. Das hätte gewiss Lärm gemacht. Also bin ich auf den Balkon. Es war schon dunkel, Leute gingen vorüber, und kurz darauf kamen gegenüber die Jungs aus der Boxhalle. Waren die vielleicht aufgekratzt. Haben sich noch auf dem Gehsteig gerauft und beschimpft. Schwule Sau, fick dich doch, und so weiter. Junge Kerls eben. Ich habe bloß gehofft, Lotte höre den Lärm nicht, aber ich wusste natürlich ganz genau, dass sie es hören musste. Ich meine, falls. Die Wohnung ist eine Bruchbude, man hört jedes einzelne Wort. Dann bin ich wieder zurück in die Küche und habe versucht, jeden Lärm zu vermeiden, es war ein Gefühl, als würden sich im Nebenzimmer zwei lieben. Ich wollte nicht stören, und schon das kleinste Geräusch war wie Donnergrollen. Du hast mir nicht gesagt, wie lange ich warten soll, Gustav. Und dann saß ich da und habe auf die Uhr gestarrt, auf den Minutenzeiger. Eine Minute um die andere. Schließlich zur Garderobe geschlichen. Den Discman aus der Jacke gefischt. Kopfhörer auf.
Iggy Pop. I am a passenger And I ride and I ride I ride through the cities backside I see the stars come out of the sky Yeah, they're bright in a hollow sky You know it looks so good tonight. Acht Mal hintereinander. Dann wusste ich es. Weiß nicht weshalb, war mir einfach sicher. Sie lag halb auf dem Bett, halb auf dem Boden. Zuerst dachte ich, du musst ihr helfen, zurück aufs Bett mit ihr, nein, fass sie

nicht an, keine Panik jetzt. Aber nimm ihr wenigstens diese Tüte vom Kopf. Der Zigarettenrauch hing noch in der Luft. Gustav. Ich habe es dir noch nicht gesagt. Mir hängt dieses Land zum Hals raus. Es ist alles so schmutzig hier, inwendig schmutzig. In einer Woche fahre ich nach Rumänien. Ans schwarze Meer, in ein Heim für geistig behinderte Kinder. Ich werde für sie kochen, putzen, mit ihnen spielen. Eine Mama sein für ein paar Monate. Die haben sonst keinen. Danach werde ich sehen. Irgendetwas wird sich finden. Ich bin noch jung, verstehst du. Ich muss noch etwas anfangen mit meinem Leben.

WALTER HAT EINEN WURF KATZEN GETÖTET

Walter. Gustav.

WALTER Ich selbst habe einmal einen Wurf Katzen umgebracht. Hassen Sie mich dafür, aber es erschien mir damals als die beste Lösung. Fünf kleine Scheißkatzen, alles rothaarige, sie kamen schon mit einem Schnupfen auf die Welt. Ich beabsichtigte, den Wurf einzuschläfern lassen, ich schwöre es, ich habe in die Tierklinik angerufen, können Sie überprüfen. Rufen Sie an. Ich lüge nicht. Sie sagten, es würde hundertzwanzig Franken kosten. Für alle fünf Katzen. Geht noch. Ein faires Angebot. Sie aber. Pro Katze. Hören Sie einmal. Sechshundert Hämmer, um fünf Scheißkatzen umzubringen. Ich habe das Geld gespart. Dreihundert davon dem Roten Kreuz gespendet, und mit den anderen dreihundert habe ich mich betrunken. Diese arme Kätzchen. Haben mich verfolgt. Tun sie heute noch. Diese Knopfaugen. Ohren wie zwei Tobleronezacken. Sehen Sie ja. Würde ich sonst diese Geschichte erzählen, wenn mich diese Katzen nicht verfolgen würden. Ich habe ein Herz, aber was nützt uns das. Menschen wie wir, Gustav, werden nicht verstanden, damit müssen wir leben.

EINE EHRE
Gustav.

GUSTAV Die Gesellschaft beginnt zu verstehen. Ich fühle mich nunmehr getragen vom Einverständnis der Mehrheit, und ich beklage mich nicht, fehlt der Beifall, ich will nur Billigung. Die Menschen müssen mich meiden, es kann nicht sein, dass sie mich aufnehmen als einer, der ihnen hilft in schwierigster Lage. Dazu ist ihre Scham zu groß, ihre Angst vor dem, was später kommt. Oder nicht kommt. Könnten sie noch glauben, aufrichtig, ungebrochen, an ein Leben nach dem Tode, oder hätten sie einen Maßstab für ihre ganze Existenz, einen Sinn, ein Spiel, sie müssten nicht mich gleichsetzen mit dem Frevler, der ihnen das Reh schießt aus ihrem Nationalpark. Es würde reichen, sähen sie den Jäger, der ihr krankes Wild holt. Sie nehmen mich als Henker, Hundefänger, Latrinenreiniger, unberührbar, ausgestoßen. Es ist die Notwendigkeit meiner Arbeit, die sie erschreckt. In unseren Umständen bin ich unentbehrlich, aber wie Kinder glauben sie an einen Garten Eden hier im Diesseits, erträumen sich einen Zustand der Glückseligkeit. Sie denken die Krankheit weiter, die Medizin und alle Technik, würden ihnen eines Tages nicht bloß die Geschwüre abzaubern, sondern die Idee der Krankheit überhaupt. Sie möchten sie aus ihren Gedanken haben, das Schwache, Faule, hat sich längst festgesetzt in ihrem Weltkonstrukt, an den Fundamenten. Sie wollen aber weiterbauen. Am meisten fürchtet sich der Mensch vor seiner Angst. Wir werden uns nicht in eine andere Richtung entwickeln als zum Tod hin, ein großer Fortschritt ist ein großer Schritt zum Ende hin. Der Leib ist derselbe. Das hier ist der Schädel, den man vor zweitausend Jahre anbohrte, um Wasser abzulassen wie aus einer Wurst das, das hier ist der Arm, den sie runtersägten in der Schlacht von Salamis, dreihundertdreißig vor Christus. So bleibe ich alleine, alleine. Der Mensch ist nicht weiter, er wird nicht weiter kommen, obwohl er weiter geht und geht und geht. Die Technik ist zu stark für unseren schwachen Körper, sie wissen das, sie wissen, einen wie mich werden sie brauchen, je länger, je mehr. Einer, der den Schalter dreht, wenn die Birne längst verglüht und das Licht aus ist. Einer, der ihnen die Finsternis bringt. Was wäre, wenn sie mich lieben würden. Zugeben müssten sie, dass sie gescheitert sind. Nicht was ich tue, hassen sie. Nur mich. Gustav Strom. Ich glaube, dies ist eine Ehre. Allein sein ist eine Ehre.

                Fin de la bobine.

Für Kaa.
Und für Cassius.

Die Probe
(Der brave Simon Korach)

Was einem und demselben gleich ist, ist untereinander gleich.
Und zu Gleichem, Gleiches hinzugefügt, bringt Gleiches.
Und Gleiches von Gleichem abgezogen, lässt Gleiches übrig.
Und was sich deckt ist gleich.
Und das Ganze ist größer als der Teil.

Euklid

ERSTENS

In der Wohnung der Korachs.

PETER Ich will mit der Zunge beginnen. Und einem Teppichmesser. Damit werde ich diesen Fleischlappen aus ihrem Mund säbeln, damit die Welt verschont bleibt von ihren Lügen. Ihre Fotze schütte ich zu mit Fugenleim, eigenhändig, dann wird ihre Untreue keinen mehr kümmern. Ihren Balg, ihren Bastard, werde ich mit kochender Milch übergießen, die Augen aus den Höhlen pulen, kleinschneiden, vor ihren Augen kleinschneiden. Ich werde eine Schweinerei anrichten, wie das Landeskriminalamt sie noch nicht gesehen hat. Anderthalb Menschen will ich auf einer möglichst großen Fläche verteilen, und danach werde ich mich fünfundzwanzig Jahre in meiner Zelle daran ergötzen. Ein Vorbild allen betrogenen Männern, ein Menetekel den treulosen Weibsstücken, die ihren Männern eine Brut unterschieben mit einem Lächeln, mit einem Säuseln und mit allen Worten der Heuchelei und des Familiensinns. In der Kirche waren wir. Zur Taufe, am Becken hat sie gestanden, erinnerst du dich, sie hat die Zucht taufen lassen, mit Weihwasser, und ich musste einen hellen Anzug kaufen, es sei ein heller Moment. Vor Gott hat sie geheuchelt, und kein Spalt hat sich geöffnet und diese Hure verschluckt, und ich habe Bilder, ich kann sie dir zeigen, da lacht sie ihr feiges Grinsen mit dem Kind im Arm. Und ich. Habe mich erfreut an diesem Grinsen. Eine glückliche Frau. Und wer hat dieses Glück gemacht. Ich. Mit meinem Samen und meiner Lohnfortzahlung und mit meinen allermodernsten Ansichten der modernen Vaterschaft. Ich habe ein Bettchen gekauft, und ich habe eine Ausstattung gekauft, und ich habe einen neuen Wagen gekauft, weil der alte zwar elegant, aber nicht sicher genug war für die heilige Fracht, und ich habe Spielzeug gekauft und einen Kinderwagen gekauft und

gekauft und gekauft und gekauft, und ich habe den Vater gegeben, den liebenden, fürsorglichen Vater und war pünktlich zu Hause, und ich habe gesagt: Geh aus, arbeite, du brauchst ein Leben jenseits deiner Mutterpflichten. Ich will kein Heimchen. Ich. Ich doch nicht. Ich bin modern. Ein moderner Idiot. Und ich habe gesagt: Ich will dem Kind ein Vater sein, ein Vater, nicht eine abendliche Erscheinung. Und ich habe mich immer dienstags um das Viech gekümmert, um diesen Schmarotzer, dessen Wirt ich war, und die Made hat mich angegrinst aus ihrer zahnlosen Fresse, und ich nahm es als Liebe und habe Bilder gemacht und ich habe sie herumgeschickt in alle Welt wie ein verfluchter Vollidiot. Ist er nicht süß. Sieht er nicht seinem Vater ähnlich. Wer ist sein Vater. Wer. Ein Narr bin ich geworden für meine Freunde, Mami haben sie mich gerufen, aber mir war das egal. Ich wollte sehen, wie ein Kind groß wird, und dieser Schinken, dieses Fleisch ist dick geworden und fett, und ich habe gewacht am Bett als die Zähne kamen, die ganze Nacht. Bin nicht zur Arbeit gefahren, als die Röteln kamen, Masern, Mumps, Dreitagefieber, was weiß ich. Und ich war stolz, wenn diese Nutte, dieses Schandmal meiner Liebe abends nach Hause kam nach meinem Vatertag und mich erschöpft gesehen hat weil der Junge über Mittag nicht geschlafen und mir keine freie Minute gelassen hatte, nur gelärmt und ohne Unterbruch nach Papa geschrien, und ich Idiot mich angesprochen fühlte. Sie hat mich angegrinst, getätschelt und ist mir über den Kopf gefahren und das Grinsen war das Grinsen über die Freude, mir erfolgreich ihren Scheißer unterzujubeln. Und ich. Ich bin stolz darauf. Du musst mir helfen.
SIMON Und ich dachte, du würdest mir helfen.
PETER Vater. Ich habe nichts mehr.
SIMON Es ist Wahlkampf. Ich kann Gruber schlagen. Peter. Aber wir brauchen jeden Mann.
PETER Wie kannst du in diesem Moment an deine politische Karriere denken.

SIMON Soll ich dir sagen, woran ich denke. Ich denke an meine Stadt. Ich denke an die Kinder draußen in den Vorstädten, die keine Zukunft haben. An die jungen Leute, die den ganzen Tag rumlungern, ohne Arbeit, ohne das Gefühl, gebraucht zu werden. Ich denke an die Alten, die am Hauptbahnhof sitzen und sich die Birne wegsaufen. Daran denke ich.
PETER Komm mir nicht mit deinen Wahlkampfreden.
SIMON Das sind keine Reden, Peter. Es geht nicht um uns. Mach deine Augen auf. Durch unsere Gesellschaft geht ein Riss, und er wird breiter jeden Tag.
PETER Agnes hat mich betrogen, belogen, abgezogen.
SIMON Wir warten, bis deine Mutter aus Indien zurück ist. Du und ich, wir haben doch keine Ahnung, wie diese Frauen ticken.
PETER Wann kommt Mama.
SIMON Schon in drei Wochen.
PETER In drei Wochen.
SIMON Dann ist die Wahl vorbei, und wir haben Zeit. Dann werden wir die Sache klären. Gemeinsam mit Helle. Wir haben jetzt keine Zeit für Familiengeschichten.
PETER Papa.
SIMON Ich heiße Simon. Was bist du für ein Hornochse. Ein Vaterschaftstest. Woher hast du diesen hirnverbrannten Einfall. Von mir nicht.
PETER Dein guter Franzeck wars.
SIMON Franzeck ist der Vater.
PETER Ich habe ihn getroffen, im Park, ich hatte Papatag. Er heuchelt Interesse. Wie es so sei als Vater. Diese Verantwortung. Wie ich damit fertig werde. Dass für mich beruflich nun Ende der Fahnenstange sei. Und wie ich mit dem ewigen Zweifel lebe. Zweifel, welcher Zweifel. Da faselt er von wissenschaftlichen Erkenntnissen, Frauen seien naturgemäß untreu, sie könnten nicht anders. Aber zum Glück gebe es heute die wissenschaftlichen Proben, und die seien ja so billig. Ich lasse ihn stehen. Und sehe mir zu Hause den

Balg an. Zum ersten Mal mit kaltem Blick. Die Augen. Nase. Das Kinn. Kopfform. Ich suche die Haut ab, nach einem Muttermal, nach einem Leberfleck, aber da ist keine Ähnlichkeit, nirgends, was rund ist an mir ist bei ihm kantig, was dunkel ist, ist hell. Das Scheusal hat die Augen des Kinderarztes, die Nase meines Freundes, den Mund eines Nachbarn, jeder sieht dem Kind ähnlicher als ich. Aber ich zähme mich, ich drehe nicht durch, ich versuche, nicht daran zu denken, ich sage mir, das würde sie nie tun, nicht Agnes. Und ich rede mir den Zweifel aus drei lange Wochen, jede Nacht, jeden Morgen, ich esse damit, ich träume davon. Er ist wie ein Kiesel im Schuh, man spürt ihn bei jedem Schritt. Wozu leiden, Peter Korach, der Kiesel muss raus, wozu zweifeln, wenn du wissen kannst. Ich gehe ich ins Badezimmer und nehme zwei Wattestäbchen, eines für meinen Speichel, eines für seinen. Gestern liegt das Resultat im Briefkasten. Hätte ich mir einen Nagel in die Ader geschlagen, es wäre kein Blut geflossen, so erstarrt war ich. Ich bin nicht der, für den ich mich hielt die letzten vier Jahre, Agnes ist nicht die Frau, für die ich sie hielt, der Junge ist nicht mein Junge. Mein Leben war eine Lüge. Ich habe alles verloren. Noch liebe ich sie. Das wird vergehen. Ihr habt es alle gewusst.

SIMON Du bist ein Idiot.

PETER Hast du eine Ähnlichkeit gesehen. Hast du gedacht: Mein Enkel sieht mir ähnlich. Ihr habt gewusst, dass sie eine Hure ist, in ihrem Schoß aus einer Samensuppe einen Balg gezogen hat. Keine Hure. Eine Schlupfwespe, hat mir ihre Brut in den Leib gestochen, damit sie mich auffrisst von innen, und jetzt ist nichts mehr von mir übrig, bloß noch eine Hülle, ein ausgefressener Mensch. Die Brut allerdings ist feist und rosa. Ihr habt nichts gesagt. Feige. Es war alles falsch.

SIMON Schlaf dich aus. Was sagt Agnes.

PETER Ich kann es ihr nicht sagen. Sie glaubt, alles sei wie immer. Ich hatte Gelegenheit, ihr Lügen zu studieren. Das

Stück heuchelt ohne die geringsten Anzeichen von Scham. Die Augen schauen treu. Die Stimme säuselt. Ich sage: Ist er nicht schön, schön wie der Vater. Sie: Ja, das ist er. Ich sage: Ist er nicht musisch und sanft wie der Vater. Mit einem Lächeln sie: zwei der gleichen Art. Ein Korach. Kein Blitz fährt aus dem Himmel und erschlägt sie, kein Spalt öffnet sich und verschluckt das Stück, das Schandmaul. Sag du es ihr. Sag ihr, ich weiß es. Ich kann mich nicht beherrschen.

***

SIMON Franzeck. Was hast du getan.
FRANZECK Ich. Die Nägel geschnitten. Verzeihung. Ekelhaftes Geräusch. Es waren nur die Fingernägel. Ehrenwort. Ich dachte, ich sei alleine.
SIMON Nicht das.
FRANZECK Und ich habe in Grubers Biographie gestöbert. Eine kleine Vorstrafe vielleicht, eine alte Weibergeschichte, eine kalte Leiche, die wir ausgraben könnten, damit die Luft um ihn stinkt und den Leuten, wann immer sie den Namen Gruber hören, ein Aasgeruch in ihre Nase steigt. Simon. Von Mann zu Mann. Du hast keine Chance gegen Gruber. Nicht die geringste. Fünfmal hast du die Wahl verloren. Du wirst auch die Sechste verlieren. Außer, Gruber stinkt. Er stinkt nicht von alleine.
SIMON Nicht das, Franzeck, nicht jetzt.
FRANZECK Ich gebe zu. Ich habe mir eine Gurke gegönnt mit Majonäse und in deinem Repetitorium geblättert. Und es dabei bekleckert. Ich werde es ersetzen. Oder besser: Ziehe es mir vom nächsten Gehalt ab. Sonst heißt es wieder. Franzeck ist ein Großmaul. Ich bin aber kein Großmaul. Vergesslich manchmal. Das ist ein Unterschied.
SIMON Ruf meine Frau an.
FRANZECK Ich möchte lieber nicht.
SIMON Sie soll in den nächsten Flieger steigen. Sie wird gebraucht.

FRANZECK Wo.
SIMON Hier. Sofort.
FRANZECK Muss das sein. Sie mag mich nicht, und ich mag es nicht, wenn man mich nicht mag.
SIMON Franzeck. Was hast du Peter angetan.
FRANZECK Peter.
SIMON Antworte.
FRANZECK Rein überhaupt gar nichts.
SIMON Ich kenne dieses Gesicht, Franzeck, ich möchte es nicht mehr sehen.
FRANZECK Was könnte ich Peter tun, er ist mir überlegen, stockwerkhoch. Es ginge nicht, rein physikalisch.
SIMON Du kannst ihn nicht leiden, ich weiß es.
FRANZECK Wenn ich einmal sein darf wie ein Kind, nur mit Wahrheit bewaffnet, dann muss ich dir sagen, Simon, mir kehrts den Ranzen, wenn ich deinen Peter sehe, und das sind achtzig Prozent Neid, zehn Prozent Eifersucht, und der Rest sind ekelhafte Gefühle, derer ich mich schäme und die ich besser für mich behalte. Was den familiären Fortschritt betrifft bin ich nirgends. Ich habe keine Frau, und ich habe nicht nur keine, ich kenne nicht einmal eine, die ich kennen lernen könnte, ich meine, eine Gebärfähige. Ich habe noch nicht einmal ein Sexualleben, weil ich die Jahre, die ein Mann zum Aufbau eines Grundstockes an weiblichen Bekanntschaften nutzen sollte, ungenutzt verstreichen ließ, du weißt es, ich habe sie dem Suff geopfert. Und dabei, das ist meine Tragödie, wäre ich der beste Vater, den ein Kind sich vorstellen kann, liebevoll, ja, aber das ist es nicht, verantwortungsvoll, auch, einfühlsam, ja, ebenfalls, und das ist es alles nicht. Was es ist: In meiner Brust schlägt ein Kinderherz, Simon, ich habe ein ewig junges Gemüt, und deshalb muss ich mich nicht in ein Kind einfühlen. Ich bin ein Kind. Und wenn ich dann deinen Peter sehe, mit diesem Glück, das er pfundweise vor sich durch die halbe Stadt schiebt, und durch die Parks, und durch die Alleen, und durch den Wald, mit einem Pfeifen auf den Lippen, und

ohne, dass man eine Dankbarkeit erkennen könnte, oder einen Willen, dieses Glück zu teilen, dann könnte ich platzen. Es ist so ungerecht. Die Mutter ist mir abgeserbelt, und vom Vater habe ich nichts als einen schlechten Namen. Ich werde bestimmt nicht jammern. Ich werde nicht in mein altes Selbstmitleid verfallen, in diesen Anfang vom Ende, ich atme durch und sage: Ruhig, Franzeck, du bist der persönliche Mitarbeiter des Kandidaten Simon Korach, er hat dich von der Parkbank geholt, dich aufgenommen in seinem Haus. Gemeinsam habt ihr eine Aufgabe, ihr wollt den Stall ausmisten von vierzigjähriger Mistproduktion durch die herrschende Clique, und dazu müsst ihr Gruber schlagen, und um Gruber zu schlagen, musst du kalt sein, ruhig. Und klug. Denn dieses Ziel, Franzeck, ist größer als du, und falls ihr es nicht erreicht, was mit aller Wahrscheinlichkeit der Fall sein wird, und zwar, weil die Bürger, diese Masse tumber Schafe, die ungerechte Sicherheit wollen und nicht die unsichere Gerechtigkeit, Gruber und Konsorten, nicht Korach und Franzeck, dann sage ich mir: Du bist noch jung, Franzeck, du hast ein Leben vor dir. Jeder Mensch läuft sein eigenes Rennen, und auch wenn Peter jetzt vor dir zu liegen scheint, so muss man doch das Ende abwarten.

SIMON Genug, Franzeck, genug.

FRANZECK Und falls ich meine Spermien in den wilden Jahren nicht ertränkt habe im Spiritus, was wahrscheinlich ist, dann werde ich Nachkommen haben, vielköpfig, ein Stammvater werde ich sein, Franzeck, der Urahne, eine Familie werde ich haben, Nestwärme, Blutsbande. Und falls mich keine Frau will, keine wie die Agnes eine ist, weil diese Frauen finden, der Franzeck, mit seiner Vergangenheit, der Franzeck, mit seiner unsicheren psychischen Verfassung, den machen wir besser nicht zum Entscheider über das Schicksal unserer Kinder, dann, Simon, fahr ich eben nach Chaing Mai und heirate eine unbehaarte Thailänderin, eine Kindfrau, die nichts gesehen hat von der Welt und also

nicht vergleichen kann und für die ein Franzeck genauso gut ist wie ein Peter, und ihr, Simon, werde ich genügen.
SIMON Genug jetzt, Franzeck.
FRANZECK Natürlich.
SIMON Peter sagt, ihr hättet euch getroffen. Im Stadtpark.
FRANZECK Das grenzt an Verleumdung.
SIMON Du warst nicht im Stadtpark.
FRANZECK Ich habe nicht getrunken. Ich werde nie wieder trinken. Nie wieder. Meine Mutter verendete an Leberkrebs, und in ihrer Todesstunde war ich bis obenvoll mit Zitronenlikör. Sie hat ihr Leben ausgehaucht, und ich habe mich daneben übergeben.
SIMON Beruhige dich.
FRANZECK Und ich habe im Suff ein Mädchen umgefahren, die Lisa, sie ist seither vom Hals abwärts gelähmt. Und aufwärts ist ihr auch nicht gut. Ich werde zeitlebens an dieser Schuld tragen, aber ich habe die Schuld angenommen und unternehme jeden Mittwoch etwas mit ihr, fahre in den Forst oder in den Zoo. Ganz besonders liebt sie die Rhesusäffchen, wie sie herumturnen und sie stellt sich vor, wie es wäre, auch so herumturnen zu können. Sie lacht und hat eine frohe Seele. Obwohl sie nie wieder auch nur ihre rechte Zehe wird bewegen können.
SIMON Also warst du nicht im Park.
FRANZECK Leute wie mir glaubt man nicht, aber ich sage dir, wenn ich jemals wieder auch nur einen Tropfen Alkohol anrühre, jage ich mir eine Kugel durch den Kopf. Das gebe ich dir schriftlich. Papier, Simon.
SIMON Franzeck.
FRANZECK Papier, sage ich. Ich habe meinen Stolz. So. Ich bedanke mich. Hier. Nie wieder Alkohol. Sonst. Hier. Für dich.
SIMON Warst du im Stadtpark oder nicht.
FRANZECK Die Tauben habe ich gefüttert. Sie kennen mich. Einen Gutteil meiner besten Jahre habe ich schließlich auf der Parkbank verbracht. Ich sehe hinundwieder nach ih-

nen. Aus Nostalgie. Und ich will sehen, wie sie sich entwickeln. Es gibt Generationen, die werden nichts, sind schmalbrüstig und krüppelfüßig, Katzenspielzeug von Geburt an. Und andere, man weiß nicht, warum, gedeihen, werden feiste Patriarchen, gründen Dynastien, und nichts kann ihnen etwas anhaben, ein harter Winter macht sie nur stärker.

SIMON Ein Vater, der sich für einen Vater halte, müsse noch lange nicht ein Vater sein.

FRANZECK So.

SIMON Hast du Peter das eingeredet.

FRANZECK Ich lese Zeitung. Ich informiere mich. Ich nutze mein Wissen. Und ich wollte Peter einmal aus seiner selbstgerechten Vaterruhe bringen. Ich wollte einmal sehen, was er tut, wenn der Zweifel an ihm nagt. An mir knabbert er jeden Tag, jede Stunde, auch jetzt, in diesem Augenblick.

SIMON Wir wissen das, Franzeck, es ist keine Schande.

FRANZECK Es braucht Größe, um dieses Knabbern überhaupt zu fühlen. Und Tiefe. Ich glaube an die ideellen Werte, aber ausgehalten müssen diese ideellen Werte werden, ausgehalten und gelebt. Und deinen Peter, Simon, tut mir leid, ihn beschäftigt nichts als die Freitagabendfreizeitgestaltung.

SIMON Das ist seine Sache.

FRANZECK Seine einzige Sorge ist, wie er sein Leben möglichst geschmackvoll möblieren könnte, was zu ihm passt, ob Seidenmischgewebe oder Leinengarn, Bundfalte oder rundgebügelt.

SIMON Du hattest keinen Erfolg. Er zweifelt nicht mehr.

FRANZECK Hat er nie. Er weiß, wo er hingehört. Er weiß, was er braucht. Drei Wochen am Meer, zwei im Schnee Weihnachten Neujahr. Was er tun muss, um mit vierzig dort zu sein, wo er ganz gewiss auch sein wird. Wen er einladen muss auf seine Feier, und welcher Dame er in den Hintern kneifen darf, ohne eine ins Gesicht zu riskieren. Was er tun muss, um immer oben, aber nie ganz zuvorderst zu sein. Was das Optimum an Körperfett ist, um ohne Anstrengung obenauf zu schwimmen und gerade noch als schlank zu gelten. Das ist hässlich, Simon, wir wissen das. Aber, Simon. Der Peter ist eine glückliche Haut und ich bin traurig bis ins Zwerchfell.

SIMON Er hat dir geglaubt und die Probe gemacht.

FRANZECK Die Probe.

SIMON Er ließ die Vaterschaft überprüfen.

FRANZECK Ui.

SIMON Jetzt schweigst du.

FRANZECK Ich denke nach. Ist das mutig oder feige. Mutig, weil er die Wahrheit kennen will. Feige, weil er das Knabbern nicht erträgt.

SIMON Er ist nur dumm.

FRANZECK Das hängt vom Ergebnis ab.

SIMON Dann ist ers.

FRANZECK Der Vater.

SIMON Dumm.

FRANZECK Dann ist ers nicht.

SIMON Er ist es nicht.

FRANZECK Das ist dumm.

SIMON Wir brauchen Helle. Ruf sie an.

FRANZECK Bitte nicht.

SIMON Sie ist klüger als wir alle zusammen. Sie wird die Sache regeln. Sie kann das. Wir können das nicht.

***

AGNES Was will Simon von mir. Und warum um diese Zeit. Es ist wegen Peter, nicht wahr.

FRANZECK Wegen Peter.

AGNES Er ist verändert, ich kenne ihn nicht mehr. Düster, spricht in Andeutungen, geht mir aus dem Weg.

FRANZECK Warum.

AGNES Ich weiß es nicht. Sag du es mir. Hat er die Stelle verloren.

FRANZECK Wie kann ich das wissen.

AGNES Ich frage nur.
FRANZECK Eben.
AGNES Gibt es eine andere Frau.
FRANZECK Wo.
AGNES Franzeck. Peter macht Späße mit dem Tod.
FRANZECK Mit dem Echten.
AGNES Abends frage ich ihn: Warst du beim Jungen. Schläft er. Ist er zugedeckt.
FRANZECK Und er.
AGNES Er schläft ganz, ganz tief.
FRANZECK Und du.
AGNES Aber er atmet doch.
FRANZECK Und er.
AGNES Atmen. Sollte er atmen.
FRANZECK Und du.
AGNES Ins Zimmer, das Herz im Hals. Das kannst du dir nicht vorstellen, wie eine Mutter sich fühlt in einem solchen Augenblick, furchtbar, Franzeck.
FRANZECK Aha.
AGNES Aber er atmet, gottseidank, er schnarcht sogar, wie sein Papa.
FRANZECK Sein Papa schnarcht.
AGNES Und der steht hinter mir, und lacht laut, fast böse, und weckt das Kind mit seinem Lachen.
FRANZECK Froh, weil das Kind noch lebt.
AGNES Weil ich ihm auf den Leim ging.
FRANZECK Ein Spaßvogel.
AGNES Das tut man nicht, Franzeck, eine Mutter mit dem Tod ihres Kindes erschrecken.
FRANZECK Widerwärtig.
AGNES Er begeistert sich für Verbrechen. Unglücksfälle. Schneidet Artikel aus der Zeitung. Junge verbrennt in Stoppelfeld. Mädchen in Jauchegrube ertrunken. Vater erschlägt Familie und richtet sich selbst.
FRANZECK Und.
AGNES Er klebt sie an den Kühlschrank.

FRANZECK Er sucht Ausgleich. Peters Seele ist wie das Frottiertuch aus der Weichspülerwerbung, und das geht ihm, glaube ich, langsam auf den Senkel. Immer so rein zu sein, so duftend, federnd, in dieser schlechten Welt der Vierteilungen.
AGNES Der Vierteilungen.
FRANZECK Verbrennungen, Kleinhackereien, Zerstampfungen undsoweiter. Er sucht sein Gleichgewicht. Das ist gesund. Das war gemein, Agnes, mir zu sagen, dass ich mir so etwas nicht vorstellen könne.
AGNES Wie.
FRANZECK Du weißt, wie sehr ich mir eine Familie wünsche.
AGNES Tut mir leid.
FRANZECK Das tut weh.
AGNES Verzeihung.
FRANZECK Schön.

※※※

SIMON Ich verstehe dich, Agnes. Ich habe auch geglaubt, ich würde Peter erziehen, er würde mir glauben, was richtig ist und was falsch. Irrtum. Sie machen, was sie wollen. Möglicherweise glaubt dir dein Sohn. Möglicherweise nicht. Es steht fünfzigfünfzig. Unbeeinflussbar. Es stört dich nicht, wenn ich meine Füße bade.
AGNES Simon, warum hast du mich her bestellt.
SIMON Weil ich mit dir reden wollte.
AGNES Worüber. Über Peter.
SIMON Hab ich dir je von meinem Vater erzählt. Letzten Herbst haben sie sein Grab eingeebnet. Das Epitaph ließ ich ausmeißeln, den Stein verschenken, jetzt steht er auf einem anderen Grab und erinnert an einen anderen Toten, einen Unterprivilegierten. Gut so. Wenigstens der Stein kriegt eine zweite Chance. Mein Vater war ein Versager. Eine Beule. Hat es zu nichts gebracht. Hat sich ein Leben lang nur um sich gekümmert. Um seine Garderobe. Um

sein Kotelett zum Frühstück. Um seine Geilheit. Würde es dir etwas ausmachen, etwas heißes Wasser nachzugießen. Danke. Ich wollte es anders machen. Ich fand, glücklich werde ein Mensch nur, wenn er Verantwortung übernimmt. Für sich. Für andere. Ich habe versucht, dies Peter mitzugeben. Ich bin gescheitert.

AGNES Das bist du nicht. Peter ist ein wundervoller Vater.

SIMON Meine Generation hat sich den Arsch aufgerissen, um aus diesem Käfig rauszukommen. Und was macht ihr. Ihr geht freiwillig wieder rein.

AGNES In welchen Käfig.

SIMON In euren privaten Familienzwinger.

AGNES Das sehen wir nicht so, Simon. Wir sind private Menschen, und wir lieben unsere Freunde, unser Zuhause. Die Familie gibt uns Geborgenheit.

SIMON Sag mir das noch einmal ins Gesicht.

AGNES Simon. Zum letzten Mal. Peter will nicht in die Politik. Und ich will es auch nicht. Wir respektieren dich, aber wir glauben nicht an eure schönen Reden, an eure klugen Programme, eure großen Ideen. Wir sind bescheidener. Wir möchten ein gutes Leben führen. Das ist schwierig genug in diesen Tagen.

SIMON Ihr wollt euch vor der gesellschaftlichen Wirklichkeit verschließen. Und es gelingt euch nicht. Sie dringt durch jede Ritze in eure Gemütlichkeit. Deshalb werdet ihr nicht glücklich.

AGNES Und du. Bist du glücklich.

SIMON Ich könnte es sein, wenn ich sehen würde, dass ich euch etwas mitgeben kann, von meiner Erfahrung, meiner Leidenschaft.

AGNES Wo ist eigentlich Helle.

SIMON In Indien.

AGNES Sie ist oft in Indien. Vermisst du sie nicht.

SIMON Was willst du damit andeuten.

AGNES Nichts.

SIMON Wir lassen uns Freiheiten. Das ist nicht immer ein-

fach, aber wenigstens müssen wir nicht hinterrücks ausbrechen, wenn du verstehst, was ich meine.
AGNES Nicht ein Wort verstehe ich.
SIMON Helle und ich belügen uns nicht, Agnes.
AGNES Schön. Toll. Hast du mich deswegen bestellt. Um mir zu sagen, was für eine vorbildliche Ehe ihr führt.
SIMON Nein. Damit du eines weißt. Was auch geschieht, für meinen Enkel werde ich immer da sein. Immer. Ich leide unter keinerlei dynastischen Eitelkeiten. Und dasselbe gilt für Helle. Du solltest nicht weinen, Agnes, das ist es nicht wert.
AGNES Seid ihr alle verrückt geworden.
SIMON Ich muss schon sehr bitten. Du bist eine miserable Schauspielerin. Dieses Erstaunen im Gesicht. Peinlich.

***

PETER Jetzt gibt es kein Zurück. In diesem Moment erfährt sie es. Noch eine Minute, dann ist alles aus.
FRANZECK Gut, Peter.
PETER Was ist gut.
FRANZECK Die Wahrheit ist gut. Das offene Wort ist gut.
PETER Ich verliere die Liebe meines Lebens. Ich hätte schweigen können. Verzeihen. Neu beginnen.
FRANZECK Das geht nicht. Man sieht es in deinem Gesicht. Die Wut an der Nase, die Enttäuschung im Blick, der Mordwille um den Mund.
PETER Wenn ich bloß vergessen könnte. Gibt es kein Gift, das mein Wissen aus dem Hirn radiert.
FRANZECK Schnaps. Schnaps hilft in diesem Fall.
PETER Schuld bist nur du. Du hast mir das eingeredet.
FRANZECK Man kann ein Pferd zum Wasser führen, trinken muss es selbst.
PETER Wegen dir verliere ich alles, meine Familie, meine Liebe.
FRANZECK Du solltest dich mit deinem Vater zu versöhnen. Er braucht dich.

PETER Wozu. Er hat doch dich. Du bist dir ja nicht zu schade, in den Abendnachrichten für ihn zu werben. Gerade nach den Kriegsmeldungen. Steht da plötzlich Franzeck in meiner Wohnstube in Anzug und Krawatte. Ein nettes Lächeln auf den Lippen. Ein Prachtskerl. So blöd bist du.

FRANZECK Ich kommentierte gewisse Neuigkeiten aus Grubers Vergangenheit. Simon musste sich nämlich um seine Familie kümmern.

PETER Warte nur, bis Vater gewählt ist. Dann wirft er dich weg wie ein vollgerotztes Taschentuch.

FRANZECK Keine Sorge, er wird nicht gewählt. In dieser Wahl pflügen und säen wir. Ernten werden wir später.

PETER Wenn er das bloß noch erlebt.

FRANZECK Wenn nicht, stehen andere bereit.

PETER Franzeck hat Ambitionen.

FRANZECK Simon liebt mich. Er nennt mich seinen Sohn. Schnarchst du eigentlich.

PETER Was.

FRANZECK Egal. Dein Vater braucht dich. Koch nicht dein eigenes Süppchen, Peter.

PETER Ich koche gerne. Ich mag mein Privatleben. Papa stapelt Akten auf dem Herd, im Backofen liegt das Altpapier. Was ist das für ein Leben.

FRANZECK Er opfert sich. Für dich. Für diese Stadt. Damit diese Kamarilla unsere Zukunft nicht länger ruiniert.

PETER Gruber ist ein Schuft. Das ist wahr. Ich werde ihn trotzdem wählen.

FRANZECK Das kannst du nicht machen.

SIMON Franzeck. Hast du Helle erreicht.

FRANZECK Beinahe.

SIMON Du hast sie beinahe erreicht.

FRANZECK Ich habe mich darum bemüht.

SIMON Ruf sie an.

FRANZECK In Indien ist mitten in der Nacht. Ich mache mich unbeliebt. Und ich mache mich ungern unbeliebt.

***

SIMON Gute Nachrichten, Peter. In ihren Augen trägst du keine Schuld. Sie findet dich natürlich einen Schwächling, ein feiges, ein mieses Schwein, weil du es ihr nicht persönlich sagst und deinen alten Vater vorschickst. Die Tat selbst hält sie für eine Meuchelung der heiligsten Werte, ein nicht wieder gut zu machender Vertrauensverlust. Nicht ihre Tat. Deine. Die Probe. Aber die Schuld daran trägt nicht du. Sondern. Na. Was glaubst du. Ich. Warum. Weil ich es dir eingeredet habe. Weil ich dich einspannen will. Für meine politischen Zwecke. Weil ich dich von deiner Familie wegbringen will. Sie hat mich angeschrien, deine feine Frau, sie hatte Schaum vor dem Mund. Ich musste mich beschimpfen lassen, in meinen eigenen vier Wänden. Ich mag das nicht, Peter, ich bin schreckhaft.

PETER Hat sie es zugegeben.

SIMON Zugegeben. Bist du verrückt. Sie äußert sich überhaupt nicht zur Vaterschaft. Du hättest das nicht tun dürfen, sagt sie, nicht ohne ihre Erlaubnis. Wenn das rauskommt, Peter, wenn die Medien davon Wind kriegen, bin ich erledigt. Wenn sie euren Dreck auch nur in ein einziges Mikrofon hustet, dann ist Schluss. Was werden die Leute sagen. Korach hat seine Familie nicht im Griff. Wie will er da die Stadt in den Griff bekommen. So eine Sauerei. Du gehst jetzt auf der Stelle nach Hause. Und dann versöhnt ihr euch.

PETER Bestimmt nicht.

SIMON Peter. Ich werde alt. Meine Haare liegen morgens büschelweise auf dem Kissen. Meine Zeit läuft ab. Wenn ich Gruber jetzt nicht schlage, schlage ich ihn nie mehr. Ich lasse mir das nicht kaputtmachen. Nicht von euren ekelhaften spießigen Hintenrumfickgeschichten.

PETER Ich gehe nicht zurück. Ich bleibe hier.

SIMON Hier. Kommt überhaupt nicht in Frage.

PETER Das ist immer noch mein Zuhause. Hier bin ich großgeworden. Ich habe immer noch mein Bett hier.

SIMON Du kannst nicht in dein Zimmer. Franzeck schläft da.

PETER Franzeck schläft in meinem Bett.
SIMON Ich brauche ihn in meiner Nähe. Er kümmert sich um mich. Peter. Wo willst du hin. Peter.

***

AGNES Bestellt er mich hierher. Lässt mich antanzen. Schmeißt mir diese Ungeheurlichkeit an den Kopf. Einfach so. Ohne Vorbereitung. Mich so zu demütigen. Was glotzt du so.
FRANZECK Ich glotze nicht.
AGNES Warum hast du mir nichts gesagt, Franzeck. Du hast es doch gewusst.
FRANZECK Was habe ich gewusst.
AGNES Das weißt du ganz genau.
FRANZECK Ich weiß, was ich gewusst habe.
AGNES Allerdings.
FRANZECK Und ich stehe dazu. Jawohl. Macht mir nichts aus.
AGNES Du hättest es mir sagen müssen.
FRANZECK Jetzt einmal ohne falsche Rücksicht, Agnes. Dir fehlt doch die Konstitution, um mir nichts dir nichts eine solche Wahrheit zu ertragen. Und dann ich. Ich bin noch nicht der Geradewegshinaustyp. Ich bin doch der Freund, an dessen Schultern man sich ausweint. Ich bin doch nicht die Kassandra. Ich bin der Plüschbär, Agnes.
AGNES Simon will Peter und mich auseinanderbringen. Damit er ihn ganz für sich hat. So ist es doch. Das wird er nicht schaffen. Niemals.
FRANZECK Agnes. Schau einmal der Wahrheit ins Gesicht, auch wenn es eine Fratze ist. Dein Feind heißt nicht Simon. Er heißt Peter. Er hat den Charakter eines Kleinbürgers, und diese Kleinbürgerehre hast du beschmutzt, in den Dreck gezogen.
AGNES Aber ich liebe ihn.
FRANZECK Schön. Aber er liebt dich nicht. Ich bin dein Freund. Ich schmiere dir keinen Honig um den Mund. Du musst umziehen, Agnes. In die Mariastraße.
AGNES Was soll ich in der Mariastraße.

FRANZECK Irgendwohin, wo dich keiner kennt. Neu beginnen. Du hast doch hoffentlich eine Waffe.
AGNES Eine Waffe.
FRANZECK Du kannst meine haben. Falls er dir was antun will. Schau nicht so empört. Willst du dich massakrieren lassen. Dich und das Kind. Könntest du mit dieser Schande leben. Dieser Mann ist wütend, rasend vor Zorn.
AGNES Nein, nein, ich werde jetzt nicht weggehen, ich lasse Peter nicht alleine. Er braucht mich.
FRANZECK Und die Zeitungsausschnitte. Die Späßchen mit dem Tod. Wenn du dann in deinen Gedärmen liegst.
AGNES Ich liebe ihn, wir werden uns versöhnen.
FRANZECK Und das kleingeschnittene Kind um dich verstreut wie die Petersilie auf der Schlachtplatte, dann ist es zu spät. Agnes. Sei vernünftig. Bei aller Zuneigung, die ich für dich empfinde, für dich und deine Seinsart.
AGNES Wir werden neu beginnen. Peter und ich. Ohne diesen ganzen Dreck hier.
FRANZECK Muss ich dir sagen, du siehst der Wirklichkeit nicht ins Gesicht. Du blinzelst höchstens hin und wieder. Warum rede ich soviel. Das kostet mich mein Ansehen.

***

SIMON Was stehst du da, bocksteif und beißt dir auf die Unterlippe.
FRANZECK Deine Frau hat mich erniedrigt. Das alleine wäre keine Neuigkeit, weiß Gott nicht. Aber nun hat sie mich telefonisch gedemütigt. Über einen Kontinent und fünf Zeitzonen hinweg. Kannst du dir das vorstellen. Das ist eine neue Dimension. Das tut weh.
SIMON Gewöhn dir bitte diese Empfindlichkeiten ab.
FRANZECK Immer, wenn sie in Indien ist, blühe ich auf. Und kaum ist sie zurück, möchte ich am liebsten zurück auf die Parkbank. Ich fürchte mich.
SIMON Helle tut dir nichts.
FRANZECK Warum bleibt sie nicht in ihrem Ashram.

SIMON Franzeck. Sie ist meine Frau.
FRANZECK Du brauchst sie nicht, du hast doch mich.
SIMON Ich habe mir deinen Auftritt in den Abendnachrichten angesehen. Dein Zitat, Grubers politischer Ausweis sei zwar erbärmlich.
FRANZECK Habe ich erbärmlich gesagt.
SIMON An der Schmutzkampagne aufgrund mutmaßlicher sexueller Verfehlungen Grubers würde sich der Kandidat Korach aber bestimmt nicht beteiligen.
FRANZECK Das sollen andere tun.
SIMON Wir wollen eine sachliche Debatte, Franzeck.
FRANZECK Du weißt, Simon, wer.
SIMON Was weiß ich. Ich weiß gar nichts. Kümmere du dich nur um deine Arbeit.
FRANZECK Simon.
SIMON Was ist.
FRANZECK Eine persönliche Sache. Es ist doch so. Viel mehr als mein Vater oder meine Mutter hast du mich erschaffen. Hast mich von der Parkbank geholt. Mich hier aufgenommen. Hast mich gewaschen. Eingekleidet. Hast mir eine Aufgabe gegeben. Ein Selbstwertgefühl. Was ich heute bin, das verdanke ich dir.
SIMON Du hast bloß deine Chance gepackt.
FRANZECK Ich war eine Wachsfigur in deinen Händen, ohne Konturen, jetzt bin ich eine Persönlichkeit. Simon. Du bist mein Vater.
SIMON Nanana, Franzeck.
FRANZECK Doch. Und deshalb möchte ich, dass du mich adoptierst.
SIMON Deine Scherze werden schlechter.
FRANZECK Kein Scherz, bloß ein Gegengeschäft. Du brauchst einen Sohn.
SIMON Ich habe Peter. Und er reicht mir.
FRANZECK Du brauchst einen nach deiner Art. Einer, der dein Erbe fortführt. Denk ans Alter. Du wirst jemanden brauchen, der für dich da ist.

SIMON Franzeck. Ich liebe dich.
FRANZECK Dann adoptiere mich.
SIMON Wir brauchen keinen juristischen Kram. Ich werde immer nach dir schauen.
FRANZECK Gut. Ich habe verstanden. Aber wenn ich mich eines Tages emanzipiert haben werde und dieses große Rückzahlungsbedürfnis nicht mehr auf meinen Schultern lastet, dann werde ich vielleicht Besseres zu tun haben, als einem Mann, der nicht mein Vater ist, Blumen und Obst ins Pflegeheim zu bringen.
SIMON Ins Pflegeheim.
FRANZECK Oder Rätselhefte, Simon.
SIMON Franzeck. Ein Spaßvogel. Aber warum auch nicht. Ich werde dich adoptieren. Aber Helle muss es auch wollen. Sie wäre dann ja deine Mama. Sprich mit ihr, wenn sie zurück ist.
FRANZECK Bitte nicht.
SIMON Das muss dir die Familie Korach schon wert sein. Franzeck. Da ist noch etwas. Peter wird ein paar Tage hier bleiben.
FRANZECK Wo.
SIMON Na, hier. In seinem alten Zimmer.
FRANZECK Und ich. Wo schlafe ich.
SIMON Im Kolpinghaus.
FRANZECK Im Kolpinghaus. Bitte nicht.
SIMON Die haben hübsche Zimmer da. Und es ist gleich in der Nähe.
FRANZECK Simon. Tu mir das nicht an. Das schaffe ich nicht. Ich kann nicht alleine sein.
SIMON Ein paar Tage bloß.
FRANZECK Und wer kümmert sich um dich. Peter ja wohl nicht. Du brauchst jetzt Unterstützung, keinen Klotz am Bein.
SIMON Geh jetzt. Deine Sachen stehen an der Tür. Ich habe angerufen, man erwartet dich. Nicht dieses Gesicht, Franzeck. Noch etwas. Steig Gruber hinterher. Aber diskret.

***

HELLE Was ist das. Das da. Hast du das etwa gegessen.
SIMON Hat Franzeck mir gebracht. Er schaut nach mir, wenn du nicht da bist.
HELLE Friss doch Schweinefutter, oder Pflanzendünger, das ist nicht schlechter.
SIMON Er hat mir sogar eine neue Zahnbürste gekauft. Ohne eine Erwähnung. Das ist doch reizend.
HELLE Hast du einmal die Fenster aufgemacht. Ist das so schwierig, Simon Korach.
SIMON Ich kann eben nicht sein ohne dich. Fahr nicht so oft weg, Helle. Was tut ihr eigentlich in diesem Aschram.
HELLE Atmen.
SIMON Kannst du nicht auch hier atmen.
HELLE Nein.
SIMON Helle.
HELLE Du hast Mundgeruch.
SIMON Ich brauche dich. Peter braucht dich. Er sitzt den ganzen Tag herum, er trinkt, er flucht, er verbreitet Endzeitstimmung, und dabei steht die Wahl an. Ich kann es schaffen, Helle, ich weiß es, Gruber ist angeschlagen, diesmal kann es klappen.
HELLE Hast du es noch nicht begriffen. Sie werden dich nicht wählen. Sie haben dich vor vier Jahren nicht gewählt, sie haben dich vor acht Jahren nicht gewählt. Du bist im Teufelsstrudel, Simon, und du merkst es nicht.
SIMON Hellchen. Bütterchen. Sei lieb zu deinem Simon.
HELLE Sei du lieb zu dir. Du vergiftest dich. Mit schlechtem Essen, schlechten Gedanken, schlechten Freunden. Du bist verloren, Simon. Du lebst nicht mehr lange.
SIMON Helle.
HELLE Schnaufst wie ein Kläffer. Wie ein Pinscher. Zieh wenigstens diese Krawatte aus.
SIMON Steht sie mir nicht.
HELLE Sie drückt dir das Blut ab.
SIMON Das ist doch egal.

HELLE Dein Blut ist dir egal.
SIMON Herrgott, ein Simon Korach muss etwas darstellen.
HELLE Simon Korach. Wer ist das. Du weißt es nicht. Und die Menschen wissen es auch nicht. Und deshalb wählen sie dich nicht.
SIMON Die Leute haben bloß Angst vor der Freiheit.
HELLE Freiheit. Also jetzt, Simon, hebt es mir den Deckel. Sprich bitte nicht über Dinge, von denen du nichts verstehst. Freiheit. Du bist ja wohl der unfreieste Mensch auf Erden.
SIMON Ich.
HELLE Körperblöd, eitel, süchtig nach Anerkennung, rennst einem Phantom hinterher. Siehst dich als Politiker. Als Weltveränderer. Dabei bist du bloß ein alter Mann mit Mundgeruch. Du erkennst dich nicht. Freiheit. Du. Kümmere dich lieber um deine Familie. Sie braucht dich jetzt.
SIMON Warst du mir jemals untreu.
HELLE Was soll das jetzt.
SIMON Hattest du einen anderen Mann. Du weißt schon. Im Bett.
HELLE Simon. Ich bitte dich.
SIMON Es ist eine einfache Frage.
HELLE Das ist nicht dein Ernst.
SIMON Natürlich.
HELLE Was ist das für ein Zwang. Dass du dich unbedingt lächerlich machen musst.
SIMON Die Wahrheit ist nie lächerlich.
HELLE Du bist lächerlich. Weil du dich daran nicht erinnerst.
SIMON Woran.
HELLE Dass ich einen anderen hatte.
SIMON So.
HELLE Du wirst alt, Mann. Dein Hirn wird alt.
SIMON Du hast. Wann war das.
HELLE Vor vielen, vielen Jahren. Als wir noch jung waren. Als unsere Herzen noch jung waren. Und leicht.

SIMON Wer war es.
HELLE Nicht doch.
SIMON Antworte.
HELLE Wie sprichst du mit mir. Ich habe dir damals erklärt, dass ich es für mich behalten werde.
SIMON Und was habe ich geantwortet, damals.
HELLE Simon. Du antwortest doch nicht. Weggefahren bist du. Hast dich betrunken, und dann mitten in der Nacht angerufen. In den Hörer geflucht. Und dann kamst du heimgeschlichen. Hast geschlafen. Dich ausgenüchtert. Und nichts gesagt. Gar nichts. Nie. All die Jahre kein Wort. Ich dachte, du hättest mir vergeben. Und ich habe dich für deinen Großmut bewundert, sogar geliebt. Aber nein. Du hast es einfach vergessen. Vergessen.
SIMON Schön. Gut. Lassen wir das. Lass mir ein Fußbad ein.
HELLE Bitte.
SIMON Ich möchte jetzt bitte mein Fußbad. Ich hatte heute noch keines.
HELLE Du bist nicht bei Verstand.
SIMON Du lässt mir jetzt auf der Stelle ein Fußbad ein. Badesalz steht im Bad. Einen halben Becher. Ach, vergiss es. Simon kümmert sich selbst darum.

***

HELLE Franzeck. Weiß Peter, dass ich da bin.
FRANZECK Natürlich, Frau Korach. Er zieht sich bloß an.
HELLE Gut.
FRANZECK Frau Korach.
HELLE Was willst du noch.
FRANZECK Ich weiß, sie haben eine lange Reise hinter sich, sind müde.
HELLE Allerdings.
FRANZECK Und ich würde ja auch nicht, ich meine, stören wollen, und ich komme auch überhaupt nicht freiwillig.
HELLE Warum kommst du also.
FRANZECK Weil Simon, ich meine, ihr Mann, mich schickt.

Sie wissen es vielleicht nicht, aber ich lebe zur Zeit im Kolpinghaus, und das ist für mich eine ziemlich schwierige Sache, aber für die Familie Korach nehme ich das gerne auf mich, weil ich weiß, das Peter nun der Fürsorge bedarf, und da ist mir jedes Opfer.

HELLE Was willst du.

FRANZECK Adoptieren sie mich.

HELLE Adoptieren.

FRANZECK Sehen sie. Ich hatte nie eine Familie. Ich hatte bloß eine Mutter, aber die zählt nicht, weil die nämlich den ganzen Tag arbeiten musste, weil mein Vater sie verließ, weil er sie nicht mehr liebte, weil sie ihm kein Geld mehr gab für seine Spielsucht. Gut. Ich war ein Schlüsselkind. Und immer, wenn ich nach Hause kam, erwartete mich bloß ein schrumpeliger Apfel. Nicht etwa zum essen, er beschwerte bloß den Zettel auf dem Küchentisch. Es wird spät, warte nicht auf mich. Meine Mutter war eine sparsame Frau, sie hat denselben Zettel immer wieder verwendet. Und den Apfel auch. Gut. Und wenn ich es warm haben wollte, musste ich zuerst einheizen, aber ich hatte eigentlich nie warm, weil mir die menschliche Wärme fehlte.

HELLE Das tut mir leid.

FRANZECK Ich wusste, sie würden mich verstehen. Und deshalb, wenn es ihnen nichts ausmacht, möchte ich eben gerne, dass sie mich adoptieren. Ihr Mann ist einverstanden.

HELLE Ich wäre dann deine Mutter.

FRANZECK Es würde sie zu nichts verpflichten, Frau Korach. Ich meine, sie sind ja die meiste Zeit in Indien, nicht wahr.

HELLE Setz dich mal dahin, Franzeck. Weißt du, was ein Mensch als Kind vermisst, danach sehnt er sich ein Leben lang. Ich weiß das.

FRANZECK Sie sind eine kluge Frau, Frau Korach, alle sagen das.

HELLE Du bist immer noch ein Schlüsselkind. Du glaubst immer noch, auf dich warte bloß ein schrumpeliger Apfel und eine traurige Notiz.

FRANZECK Ach, Frau Korach.
HELLE Du suchst immer noch die Wärme.
FRANZECK Nicht wahr.
HELLE Kennst du das Sprichwort. Was Hänschen nicht lernt.
FRANZECK Lernt Hans nimmermehr.
HELLE Und dasselbe gilt für die Liebe, und auch für die Mutterliebe. Gerade jene, die die Liebe am meisten benötigen, bekommen sie am wenigsten. Du hattest sie nicht, und das kannst du nicht mehr ändern.
FRANZECK Aber.
HELLE Da hilft auch keine Adoption. Ich will dich nicht enttäuschen, Franzeck. Aber du solltest lernen, mit deinem Loch zu leben. Es gehört zu dir. Es ist dein Schicksal. Peter. Schön. Wie siehst du aus. Setz dich. Franzeck. Lass uns bitte alleine. Mein Sohn und ich haben etwas zu besprechen.

***

PETER Es interessiert ihn einfach nicht. Papa hört überhaupt nicht zu.
HELLE Nimm das nicht persönlich. Das ist das Alter. Er hat Haare in den Ohren.
PETER Was soll ich jetzt tun.
HELLE Dummkopf. Was ein Mensch in einer solchen Situation tun muss. Seinem Herzen folgen, nur seinem Herzen.
PETER Ich möchte Agnes lieben. Aber ich kann nicht. Ich bin zu schwach.
HELLE Zu schwach.
PETER Ja.
HELLE Isst du in der Kantine.
PETER Bitte.
HELLE Isst du in der Betriebskantine. Solltest du nicht. Das ist Schweinefraß. Buchstäblich. Er macht dich krank. Deshalb bist du schwach und kannst nicht lieben. Und hast du einmal daran gedacht, auf Fleisch zu verzichten. Sei kein

Wurstfresser. Wurst ist nicht gut. Glaube mir. Gar nicht gut. Schlechtes Karma. Weißt du, was das ist, Karma.
PETER Nicht genau.
HELLE Was du bist, was du warst, und was du sein wirst. Du willst nicht zur Wurst werden, nicht.
PETER Ich esse sie doch nur.
HELLE Was sind deine Haare, deine Nägel, deine Haut. Na. Sie sind aus dem, was du isst.
PETER Heißt das, meine Haare sind aus Wurst.
HELLE Nicht nur deine Haare. Du bist aus Wurst. Gut wird man durch gute Tat. Schlecht durch schlechte Tat. Und ein totes Tier essen, ist eine schlechte Tat.
PETER Dann ist sie nicht gut.
HELLE Wer.
PETER Agnes.
HELLE Lügen ist nicht gut.
PETER Mama. Warum bist du gut.
HELLE Ich bin nicht gut, Dummkopf.
PETER Ich versuchte es. Versuchte, gut zu sein, meinem Jungen ein Vorbild. Die Hände gewaschen vor dem Essen. Nicht geschmatzt, die Zähne geputzt, morgens, mittags, abends.
HELLE Zähne putzen ist nicht wichtig.
PETER Nicht.
HELLE Wichtiger ist, dass du die Zunge putzt. Die allermeisten Bakterien sitzen auf der Zunge. Ich nehme dazu einen Holzspachtel, wie Ärzte sie benutzen, wenn sie das Aah sehen wollen. Ich geb dir ein paar von meinen.
PETER Warum. Warum soll ich mir die Zunge putzen.
HELLE Habe ich dir doch eben erklärt, Dummkopf. Weil auf der Zunge die meisten Bakterienkulturen sitzen.
PETER Das habe ich verstanden. Warum müssen die weg.
HELLE Damit du nicht krank wirst.
PETER Ja. Ja. Ja. Aber warum soll ich nicht krank werden. Wozu soll ich gesund bleiben. Wozu.
HELLE Also, jetzt bist du wirklich ein Dummkopf.

PETER Ich bin alleine, Mama, und für mich alleine ergibt es keinen Sinn, gesund zu bleiben. Wer ist da. Da ist jemand an der Tür. Das ist bestimmt Agnes. Ich will sie nicht sehen.
HELLE Du musst mit ihr reden.
PETER Muss ich nicht, muss ich nicht, muss ich nicht.
HELLE Peter.
PETER Geh du. Sag ihr, dass ich sie nicht sehen will. Ich will nicht. Bitte, Mama.
HELLE Du hast Angst, du hast die Todesangst der gefressenen Schweine in dir. Wenn du damit aufhörst, wirst du die Kraft haben, deine Frau zu lieben. Und deinen Vater. Du musst. Versöhnt euch. Du wirst sonst nicht glücklich.

※※※

AGNES Guten Abend, Helle. Ich bin hier, um meinen Mann zu holen.
HELLE Agnes. Setz dich.
AGNES Ich will mich nicht setzen. Ich will meinen Mann.
HELLE Langsam. Du bist ganz blass.
AGNES So, bin ich das. Weißt du, ich schlafe nicht so gut in der letzten Zeit. Eigentlich schlafe ich überhaupt nicht. Und wenn ich mal eine halbe Stunde schlafe, quälen mich Alpträume. Auch das Essen ist schwierig, wenn man vor Elend kotzen könnte. Deshalb bin ich vielleicht ein bisschen blass. Dürfte ich jetzt bitte zu meinem Mann.
HELLE Hast du getrunken.
AGNES Bisschen.
HELLE Peter hat sich schon hingelegt.
AGNES Dann wecken wir ihn eben. Peeeter. Peeeeter. Hööörst du mich.
HELLE Agnes, das bringt doch nichts.
AGNES Ich bins. Agnes. Deine Frau. Deine Gattin. Ich bin immer noch dieselbe. Komm bitte nach Hause. Dein Sohn braucht dich. Ich brauche dich. Hörst du nicht. Warum sagst du nichts. Sprich wenigstens mit mir. Warum hast du

diesen Test gemacht. Du hast doch das Kind gewollt, erinnerst du dich. Ich wollte nicht. Ich sagte, wir sind zu jung. Aber du hast mich rumgekriegt, weißt du doch, hast Babysöckchen nach Hause gebracht und Föten in farbiger Abbildung. War doch so, nicht wahr. Du kriegst mich immer rum, Scheißkerl. Ich will dich. Peter Korach. Ich will dich. Scheiß auf das Kind.

HELLE Agnes.

AGNES Scheiß auf das Kind. Scheiß darauf. Ich will Peter. Ich will meinen Mann.

HELLE Wo hast du den Jungen.

AGNES Keine Sorge, es geht ihm gut. Der Tiger ist bei ihm, und das Murmeltier, die passen schön auf, dass dem Kleinen nichts passiert.

HELLE Du hast ihn alleine gelassen.

AGNES Nicht alleine. Der Hoppsassa ist auch da. Im Fall der Fälle. Da passiert rein gar nichts. Und zudem habe ich die Zimmertür abgeschlossen. Stuhl unter die Klinke. Ausbüchsen unmöglich.

HELLE Du kannst doch ein kleines Kind nicht alleine lassen.

AGNES Ach, und er, dein guter Peter, er darf das, oder wie.

HELLE Agnes. Du gehst jetzt auf der Stelle nach Hause.

AGNES Erst, wenn ihr meinen Mann rausrückt.

HELLE Peter will dich jetzt nicht sehen. Er ist verletzt. Er braucht Zeit. Franzeck bringt dich nach Hause.

AGNES Fass mich nicht an. Peter. Komm zu mir. Jetzt. Auf der Stelle. Scheißkerl. Du kannst nicht einfach so abhauen. Es ist immer noch dein Kind. Ich hetz dir alle Teufel auf den Leib. Ich will dich. Warum glaubst du einem Wisch aus irgendeinem Laboratorium mehr als deiner Frau. Warum, Peter, warum.

HELLE Franzeck. Bring Agnes nach Hause. Stell sie unter die Dusche. Sie hat getrunken. Koch ihr Kaffee. Steck sie ins Bett. Aber lass sie in Ruhe, hörst du. Du kommst wieder hierher zurück, ist das klar, Franzeck.

***

SIMON Immerhin kämpft sie. Das gefällt mir. Schau mich an. Ich habe drei Mal gegen diesen verdammten Gruber verloren. Es ist offensichtlich, dass er nichts zu bieten hat, außer die richtigen Kontakte und eine intakte Zahnreihe. Wahrscheinlich verliere ich auch das vierte Mal. Na und. Man muss es trotzdem wagen. Die Auseinandersetzung mit dem Unlösbaren. Das Leben ist ein Trotzdem.
PETER Sie liebt mich. Agnes liebt mich wirklich.
SIMON Erstaunlich, nicht wahr.
PETER Ich muss nach Hause, ich muss zu meiner Familie.
SIMON Peter, mein Junge. Lass dich umarmen. Du verdammter Idiot. Vaterschaftstest. Liebe Güte. Du machst dein Schicksal abhängig von den allermodernsten Methoden der Wissenschaft und benimmst dich anschließend wie ein Neanderthaler. Liebe Güte.
PETER Dumm, nicht wahr.
SIMON Sehr dumm. Sehr, sehr dumm.
PETER Würde ein Simon Korach nie tun, wie.
SIMON Bestimmt nicht.
PETER Unter keinen Umständen.
SIMON Unter keinen.
PETER Auch wenn du Zweifel hättest.
SIMON Was für Zweifel.
PETER Ob Mama dich betrogen hat.
SIMON Aber das hat sie doch, Peter, das hat sie doch.
PETER Und es war dir egal.
SIMON Es hat mir natürlich nicht gefallen. Ich habe mich ein paar Tage nicht blicken lassen, habe mir einen schönen Alois in den Kopf getrunken, bin nach Hause, und Schwamm drüber.
PETER Das glaube ich nicht.
SIMON Sie ist nicht mein Besitz. Ich habe sie nicht gekauft, nicht ersteigert, nicht gewonnen.
PETER Das ist ein guter Punkt. Aber ich denke da ganz anders. Ich bin überhaupt ganz anders als du. Findest du das

nicht seltsam. Gibt es irgendeine Ähnlichkeit zwischen uns.

SIMON Das lässt dich nicht los, wie.

PETER Die Ohren vielleicht. Der Haarstrich. Ist das zufällig.

SIMON Was weiß ich. Ist doch egal. Was hast du da.

PETER Das. Nichts. Ein Wisch. Ein paar Zahlen. Vollkommen nebensächlich. Wie putzt es sich eigentlich mit der neuen Zahnbürste.

SIMON Wie.

PETER Bisschen weich, vielleicht. Ich dachte, in deinem Alter braucht das Zahnfleisch Schonung.

SIMON Das war nicht Franzeck. Warum hast du.

PETER Welche Macht heute in einer gebrauchten Zahnbürste liegt, einem Kaugummi, einem ausgerissenen Haar. Pass auf deine Hautschuppen auf, Papa, lass keine Kippen liegen, spuck nicht auf den Boden, in allem liegt das Geheimnis deiner Herkunft, und wer weiß, welcher Schurke sich für die Treue deiner Frau interessiert und dich mit der Wahrheit erpressen könnte.

SIMON Du bist krank.

PETER Magst du lesen. Magst du lesen, wer ich bin. Ob ich den Namen Korach zu recht beschmutze. Ob Helle dich belügt. Ob sie dich all die Jahre übers Ohr gehauen hat. Steht alles hier.

SIMON Peter. Es reicht. Du hast genug zerstört.

PETER Was sehe ich. In diesen Augen. Angst vielleicht. Zweifel. Warum nur. Du bist ein mutiger Mann. Hast eine ehrliche Frau. Was hast du von diesem Papier zu fürchten.

SIMON Nichts. Es würde nichts ändern.

PETER Gut. Setz dich. Ich lese dir jetzt das Ergebnis vor.

SIMON Nein.

PETER Bist du bereit.

SIMON Ich will es nicht hören.

PETER Sehr geehrter Herr Korach. Gerne teilen wir Ihnen heute das Ergebnis unseres genetischen Vaterschaftstest mit.

SIMON Hör auf.
PETER Beide Proben enthielten genügend relevantes Material.
SIMON Lass das.
PETER Wir dürfen Ihnen mitteilen, dass.
SIMON Ruhe.
PETER Papa. Du schreist. Bist blass.
SIMON Du kleiner Mistkerl. Du wirst hier bestimmt nicht Schicksal spielen.
PETER Simon Korach, du bist dir nicht sicher.
SIMON Natürlich bin ich sicher. Denk, was du willst. Bring mir das heiße Wasser.
PETER Gut. Meinetwegen. Lassen wir das.
SIMON Was tust du.
PETER Ich verbrenne das Ergebnis.
SIMON Nein.
PETER Wir wollen doch nicht, dass dieses Papier in falsche Hände gerät.
SIMON Lass das. Nicht. Ich.
PETER Zu spät. Jetzt wirst du es nie erfahren. Außer, du machst eine neue Probe. Und weißt du was: Du wirst sie machen, eines Tages, wenn dich der Zweifel nicht mehr schlafen lässt. Ist ers, bin ichs, hat sie. Dann wirst du ein Heftpflaster aus dem Müll graben, mir heimlich im Schlaf eine Locke aus dem Schopf schneiden.
SIMON Niemals.
PETER Braver Mann. Braver Simon Korach.
SIMON In meiner Wohnung spielst du mit dem Feuer. Machst hier den großen Diabolo. Das beeindruckt mich. Bravo. Ich habe Angst, Peter, große Angst. Was hast du für Probleme. Los. Gieß endlich Wasser ein. Das reicht. Das reicht sage ich, hör auf, stopp, das ist heiß, heiß, heiß. Meine Füße. Du hast meine Füße verbrannt. Elender. Dreckskerl. Du. Wasser, kaltes Wasser. Du. Du. Bist nicht mein Sohn. Du bist kein Korach. Ich will dich nicht mehr sehen. Nie mehr. Geh zurück zu deiner Bastardfamilie. Raus. Raus mit dir. Helle. Helle. Hilfe.

HELLE Wer schreit.
SIMON Helle. Meine Füße. Er hat meine Füße verbrüht.
HELLE Wer.
SIMON Dein Sohn. Er dreht durch. Bring Wasser. Schnell. Wasser. Kalt.
HELLE Geh ins Bad.
SIMON Ich kann nicht gehen.
HELLE Was ist passiert.
SIMON Er hat mir meine Füße verbrüht.
HELLE Peter. Peter. Wo ist er. Du hast ihn weggejagt. In seinem Zustand.
SIMON In seinem Zustand. Und mein Zustand.
HELLE Er ist verwirrt.
SIMON Er ist gefährlich.
HELLE Er ist dein Sohn.
SIMON Rechtfertigt das alles. Schau dir das an.
HELLE Ein bisschen gerötet, Simon, ich muss dich bitten.
SIMON Das ist eine Verbrennung zweiten Grades, Helle, und das an den Füßen. Wie soll ich so Wahlkampf betreiben. Ich muss zu einem Arzt.
HELLE Unsinn. Ein bisschen Salbe, ein Verband und Schluss.
SIMON Und wie soll ich jetzt mein Fußbad nehmen.
HELLE Darauf wirst du wohl ein paar Tage verzichten können.
SIMON Nein, kann ich nicht. Dieser Mensch. Was ist mit ihm los. Was haben wir falsch gemacht, Helle, sag mir das.
HELLE Du hättest ihn nicht wegschicken dürfen.
SIMON Es reicht jetzt. Zuerst Agnes, die hier rumschreit, bis oben voll, und dann Peter, der seinen eigenen Vater angreift und verletzt.
HELLE Sie sind jung.
SIMON Warum nimmst du sie in Schutz. Warum bist du nicht auf meiner Seite.
HELLE Da ist jemand an der Tür. Peter.
SIMON Das Bürschchen betritt mein Haus nicht noch ein-

mal. Und wenn ich ihn auf die Straße prügeln muss. Raus. Raus. Raus.

HELLE Es ist Franzeck. Wie geht es Agnes. Ist sie zu Hause.

SIMON Franzeck. Ruf einen Arzt. Ich brauche einen Arzt.

FRANZECK Einen Arzt.

SIMON Wie siehst du aus. Ist das Blut. Das ist Blut. Franzeck. Was ist los.

FRANZECK Simon. Ich.

SIMON Rede.

FRANZECK Ein Unfall. Unten in der Kurve. Ein Wagen ist von der Straße. In den Baum. Ich bin dazugekommen. Ich war auf dem Rückweg. Ich. Simon. Helle. Ich. Es tut mir leid. Es war nichts mehr.

SIMON Was ist. Es ist doch nicht.

FRANZECK Es ist Peter. Peter.

HELLE Was ist mit ihm. Ist er verletzt.

FRANZECK Er ist tot, Peter ist tot.

ZWEITENS

In derselben Wohnung.
In einem Sarg liegt aufgebahrt der tote Peter Korach.

FRANZECK Schwanenburg dreiundsechzig Prozent für dich, für dich, Walsach siebzehn Prozent, das ist achtbar, Perlis sechsundsiebzig für dich, Wallenstadt leider knapp an Gruber, sehr knapp, egal, dafür Pauschen und Kaps mit über sechzig an dich, und, Achtung, auch die Vier geht an dich. Die Vier, Simon, Grubers eigener Bezirk, er hat dort nie unter siebzig Prozent gemacht. Das ist historisch, historisch.
SIMON Schön. Lass mich in Ruhe.
FRANZECK Du bist gewählt, Simon.
SIMON Scher dich zum Teufel, habe ich gesagt.
FRANZECK In drei Stunden trittst du vor die Presse. Ich habe eine Rede aufgesetzt.
SIMON Raus.
FRANZECK Liebe Mitbürger undsoweiter. Heute, an diesem Tag undsoweiter, schlagen zwei Herzen in meiner Brust. Das eine hüpft vor Freude, und das andere schlägt eigentlich überhaupt nicht.
SIMON Franzeck.
FRANZECK Während ich persönlich. Nicht gut. Während meine Familie eine schreckliche Tragödie zu verkraften muss, hat die Wählerschaft mir das Vertrauen geschenkt. Dafür bin ich ausgesprochen dankbar undsoweiter. Sein eigenes Kind zu verlieren, ist das Schlimmste undsoweiter. Doch was ich im Wahlkampf gefordert habe, dass nämlich die Interessen der Gemeinschaft über den Interessen des Einzelnen zu stehen haben, dass das Ganze größer als der Teil ist, das hat nun auch für mich zu gelten. Jedoch: es gibt nur eine Möglichkeit, wie ich nun, da ich von diesem Leid, oder Unglück, oder Katastrophe, wie auch immer, da muss man noch feilen, getroffen werde, wie ich diese große Ver-

antwortung tragen kann. Ich werde die Hilfe aller benötigen. Aller. Blick in die Kamera. Auch Ihre. Ich erkläre Annahme der Wahl. Undsoweiter.
SIMON Schämst du dich nicht.
FRANZECK Verstehe. Du willst es nüchtern. So macht Franzeck es nüchtern.
SIMON Ich werde die Wahl nicht annehmen.
FRANZECK Du willst die Wahl nicht annehmen. Dann wird Gruber bleiben.
SIMON So schlecht war er nicht.
FRANZECK Simon Korach, du bist die Enttäuschung meines Lebens. Was ich für dich getan habe, was deine Partei für dich getan hat, was die Wähler für dich getan haben. Wir haben an dich geglaubt.
SIMON Spar dir deine Entrüstung. Dir geht es bloß um deinen Posten. Aber ich bin dir nichts schuldig, Franzeck.
FRANZECK Mir nicht. Aber deinem Sohn. Er hat an dich geglaubt. Er hätte dich gewählt. Wir mögen Streit haben, ja, das waren seine Worte, aber unsere persönlichen Differenzen spielen keine Rolle, wenn es um das Wohl der Gesellschaft geht.
SIMON Das hat er gesagt.
FRANZECK Mein Vater wird diese Stadt in ein neues Morgen führen. Unsere Kinder werden eine Zukunft haben. Wie Mehltau hat sich der Missmut auf unsere Seelen gelegt, aber er wird der Korruption, dieser Totengräberin der freien Gesellschaft, ihren Hydrakopf abschlagen, und ihr Blut wird die Saat der Hoffnung wässern, und die Zuversicht wird blühen und der Frohsinn und das Lachen durch die Gassen klingen.
SIMON Das hat mein Sohn gesagt.
FRANZECK Sinngemäß.
SIMON Mein guter Junge.
FRANZECK Gerne.
SIMON Mein Sohn. Ich wusste ja nicht, dass. Ich. Ich habe dich verkannt. Wie kann ich nur.

FRANZECK Ja.
SIMON Peter. Peter. Peter. Wenn du es willst, dann tue ich es. Für dich.
FRANZECK So.
SIMON Franzeck. Bilde dir nur nichts ein.
FRANZECK Natürlich. Ruh dich aus. Denk an deine Füße. Iss etwas. Ich habe Suppe gekocht. Noch bleibt Zeit.

***

AGNES Gestern habe ich mein Kind im Wagen vergessen. Ich bin ziellos durch die Gegend gefahren, ich weiß nicht wie lange, und dann habe ich das Auto stehen lassen, irgendwo, bin in den Wald, herumgerannt, habe die Bäume angeschrien, stundenlang, bis ich zu müde war, um einen Schmerz zu fühlen. Als ich zurückkam, standen Leute um den Wagen. Der Junge heulte, er kam nicht raus. Sie haben mich angeschaut, mit Kuhaugen, als sei ich ein Monster. Und ich dachte. Ich bin nicht das Monster. Dieses Ding da im Wagen ist das Monster. Er scheißt, er schläft, er frisst, er gedeiht, als wäre nichts passiert. Und dabei ist er schuld an allem.
FRANZECK Das Kind hat nichts getan.
AGNES Ja, nichts getan. Der Junge ist schuldig durch seine Existenz. Einfach, weil er da ist. Das ist wahrhaft böse. Seine Existenz hat meinen Mann getötet, und ich frage mich, wer als nächster dran ist. Warum habe ich ihn damals nur nicht weggemacht.
FRANZECK Das Jugendamt wird ihn dir wegnehmen, wenn du weiter so sprichst.
AGNES Schön. Sie sollen ihn haben. Ich will ihn nicht. Ich will meinen Mann zurück.
FRANZECK Du wirst ein neues Glück finden. Einen neuen Mann.
AGNES Was willst du eigentlich. Was. Mich trösten. Ich brauche keinen Trost. Wir haben uns nicht versöhnt, was soll mich jetzt noch versöhnen.

FRANZECK Einen Mann, der dich liebt und annimmt, der sich nicht um deine Vergangenheit kümmert.

AGNES Ich muss ihn sehen.

FRANZECK Das wirst du. Eines Tages wirst du die tränennassen Augen aufschlagen, und dann wird er vor dir stehen.

AGNES Meinen Mann will ich sehen.

FRANZECK Nein, das willst du nicht. Du denkst, du willst, aber wenn du wissen würdest, wie er ausschaut, dann würdest du wissen, dass du nicht willst.

AGNES Lass mich ihn küssen. Sein Gesicht in meine Hände nehmen.

FRANZECK Agnes, von einem Gesicht ist nichts übrig. Peter ist gegen einen Baum gefahren, aber nicht gegen den Stamm, sondern höher, in die Äste. Einer davon hat das rechte Auge zertrümmert. Ein anderer den Unterkiefer. Man denkt, Peter hatte einen Überbiss. Hatte er aber nicht. Besonders störend ist das fehlende Ohr, finde ich.

AGNES Hör auf.

FRANZECK Du willst es nicht hören, wie also kannst du es sehen wollen.

AGNES Ach.

FRANZECK Ja, weine nur, Tränen sind gut. Komm her, komm zu deinem Franzeck. So. Jetzt. Gut. Du zitterst. Weißt du was. Jetzt gibt es erst einmal eine schöne Bohnensuppe. Mit Speck. So kommst du zu Kräften. Nur unterernährt packt dich die Depression.

SIMON Franzeck. Lass Agnes in Ruhe.

FRANZECK Ich dachte.

SIMON Weg mit dir. Agnes. Kind. Es tut mir leid.

AGNES Es tut dir leid. Was tut dir leid.

SIMON Ich meine.

AGNES Was tut dir leid, frage ich. Und warum ist Peter so spät noch los. Hast du ihn weggeschickt. Hast du ihn nicht aufgehalten. Was soll ich jetzt, wie soll ich.

SIMON Mach du mir keine Vorwürfe, dann mach ich dir auch keine.

AGNES Warum solltest du mir.
SIMON Ich sage ja, ich mache dir keine. Los. Wir wollen zusammenrücken. Eine Familie sein.
AGNES Lasst mich doch in Ruhe mit eurer Familie. Ich will Peter. Peter. Peter.
SIMON Beruhige dich. Wir gehen da zusammen durch. Wie geht es meinem Enkel.
AGNES Was weiß ich. Er schläft. Oben in eurem Gästezimmer. Ich werde ihn da lassen.
SIMON Hier.
AGNES Schaut zu ihm. Oder gebt ihn weg. Ich kann ihn nicht mehr riechen, sein Gesicht nicht mehr sehen. Ich will ihn nicht. Wollte ihn nie. Ich habe mich überreden lassen, ihn zu machen, ihn zu behalten. Peter war geblendet, weißt du, er war fanatisch in Kinder vernarrt. Wir sind zu jung, habe ich gesagt, ich will es wegmachen, auskratzen, absaugen. Das Kind hat mich zur Witwe gemacht. Ich will es nicht um mich haben.
SIMON Du wirst dich beruhigen. Und deinen Sohn lieben.
AGNES Mein Sohn. Mein Sohn. Was ist er denn. Das Resultat einer besoffenen Nacht. Nichts weiter.
SIMON Agnes, bitte.
AGNES Ich kenne ja nicht einmal den Namen seines Vaters. Weiß kaum mehr, wie er aussah.
SIMON Agnes.
AGNES Agnes, Agnes, Agnes. Tu doch nicht so. Denkst du vielleicht, ich sollte mich schämen. Ich schäme mich nicht, Simon, Agnes schämt sich nicht.
SIMON Schau dir Peter an. Keine Angst, sie haben ihn zurecht gemacht. Thanatotechniker nennt man diesen Beruf. Eine feine Art, sein Geld zu verdienen. Toten die Ohren anzunähen. Was ist. Du bist blass. Ist dir nicht gut. Willst du dich setzen.
AGNES Sag mir endlich, was an jenem Abend geschah. Warum ist Peter hier weg. Und warum hat er den Wagen genommen. Wohin wollte er. Zu mir. Wollte er zu mir. Er

wollte zu mir. Warum. Wollte er. Wollte er sich versöhnen, Simon, wollte Peter sich mit mir versöhnen. Bitte. Simon.

SIMON Riechst du das, Agnes. Dieser Geruch. Säuerlich, süß. Na. Was ist das. Franzecks Bohnensuppe. Er kocht Speck mit. Exquisit. Der Junge hat versteckte Qualitäten. Was hast du denn. Steh doch auf. Was willst du auf dem Boden.

AGNES Ich kann nicht.

SIMON Steh auf. Ich will dich nicht hinaus tragen.

AGNES Hinaus.

SIMON Du verlässt jetzt mein Haus, Agnes.

AGNES Bestimmt nicht. Ich bleibe hier. Bei meinem Mann.

SIMON Bei deinem Mann. Einen Dreck hast du dich um deinen Mann gekümmert. Warum glaubst du, liegt er hier.

AGNES Braver Simon Korach. Dich trifft natürlich keine Schuld.

SIMON Raus jetzt. Und nimm gefälligst das Kind mit. Hier bleibt es nicht. Ich hätte dich nie nach der Vaterschaft gefragt. Dein Sohn wäre ein Korach gewesen. Aber vor meinem toten Sohn behelligst du mich mit deiner Bettgeschichte. Helle. Schön. Agnes wollte gerade gehen.

HELLE Schon. Bleib doch noch. Unser Enkel schläft so friedlich und tief, wir wollen ihn nicht wecken.

SIMON Wir haben keinen Enkel, Helle.

HELLE Natürlich haben wir einen Enkel.

SIMON Peter war nicht der Vater.

HELLE Simon. Wir wollten doch nicht mehr über diese verdammte Probe.

SIMON Die Witwe hat gestanden. Die ganze Zeit hat sie Peter belogen. Hat sich vögeln lassen und war zu feige, es zuzugeben. Du entschuldigst mich. Ich habe eine Rede vorzubereiten.

AGNES Simon. Ich wollte gratulieren. Gut gemacht. Auch ich habe dich gewählt.

SIMON Wir sehen uns auf dem Waldfriedhof. Morgen früh um zehn. Zieh dich warm an. Man hat Regen gemeldet, und die Kirche ist nicht geheizt.

AGNES Helle. Sag doch etwas.
HELLE Was soll ich noch sagen.
AGNES Ihr braven Korachs. Ihr. Was hätte ich denn tun sollen. Sag mir das. Was. Wem hätte sie genützt, eure verdammte Wahrheit. Peter. Er war glücklich. Es war sein Kind mehr als meines. Hat den Jungen geliebt, vergöttert, unheimlich war das. Hätte ich das kaputtmachen sollen. Warum. Jetzt zeigt ihr mit dem Finger auf mich, aber sie hat euch nicht gestört, meine kleine Lüge. Ihr habt gut gelebt damit, habt gut geschlafen. Wer ist wachgelegen, nachts, aus Angst, es könnte ans Licht kommen. Das war ich. Ich habe die Lüge auf mich genommen. Nicht ihr.
HELLE Du hättest es ihm sagen müssen. Spätestens, als er die Wahrheit erfahren hat.
AGNES Eure verdammte Wahrheit, was ist das für eine Wahrheit. Wozu dient sie. Die Wahrheit hat euren Sohn getötet, euch den Enkel genommen. Das ist nicht meine Wahrheit, Helle. Er hätte diese Probe nicht machen dürfen. Nicht ohne meine Einwilligung. Es war nicht recht. Wo gehst du hin.
HELLE Ich weiß nicht. Raus. Ich möchte einfach nicht mehr hier sein. Ich sehe nach meinem Mann. Er braucht mich jetzt. Und ich brauche ihn.

※※※

FRANZECK Ja, das sind die Korachs. Feine Leute. Gute, gerechte Leute. Sie holen das Beste aus uns. Und das Beste, Agnes, das ist der Kampf, unser Aufbegehren. Und um aufzubegehren, müssen wir zuerst unter Null sein, nur der Gedemütigte kann sich erheben. Ja. Die Korachs schonen uns nicht. Sie schonen nicht einmal sich selbst. Morgens, als erstes, trinken sie ihre eigene Pisse, wie andere Leute Orangensaft. Füllen sich ein Teeglas und genehmigen sich zwei große Schlucke ihrer Morgengabe. Das macht sie stark. Und. Das Glas lassen sie auf dem Waschbecken stehen, schließlich gibts den Franzeck, der räumt auf. Die Korachs nehmen keinem die Arbeit weg. Eigentlich möchte Simon tanzen, Luftballons aufhängen, sich eine Pappnase vor das Gesicht binden, Champagner trinken aus Freude, nach vier Versuchen Gruber geschlagen zu haben. Aber tanzen schickt sich nicht mit einer Leiche im Haus, und deshalb beherrscht er sich. Lass mich dein Freund sein. Von meinem Herz ist noch ein Schnitzchen übrig, es blutet, und ich würde es dir geben, Agnes, zur Verwahrung.

AGNES Was willst du.

FRANZECK Was ich will. Eine Familie. Diese Familie hier, die will mich nicht. Franzeck ist den Korachs nicht gut genug. Und dich wollen sie auch nicht.

AGNES Wir haben nichts gemein.

FRANZECK Was du erlebst, habe ich auch erlebt. Jemanden verlieren. Sich eine Schuld aufladen. Darunter zusammenbrechen. Sich verantwortlich fühlen für ein Kind. Das kenne ich alles. Agnes.

AGNES Du widerst mich an.

FRANZECK Ich bin ein Frauentraum. Vielleicht nicht auf den ersten Blick. Aber ich bin treu. Ich habe Humor. Ich verliere meinen Mut nicht.

AGNES Lass mich vorbei.

FRANZECK Ich bin jetzt Referent. Das hat noch kein Franzeck geschafft. Gerber, Küfer, Badärzte waren wir. Die Ministerien haben meine Vorväter nur von außen gesehen. Ich gebe es auf. Für dich. Für dich und den Jungen.

AGNES Geh weg.

FRANZECK Mit dir gehe ich. Weg von diesen Korachs. Agnes. Schau einmal. Schau einmal die Welt an. Und nicht blinzeln. Da liegt dein Gatte, oben schläft dein Kind. Du bist ganz alleine.

AGNES Dich brauche ich bestimmt nicht.

FRANZECK Du musst mich nicht lieben. Wir werden uns einrichten. Ich meine, körperlich interessierst du mich ohnehin nicht. Als Frau. Kein Angriff, Agnes. Mir geht es bloß um die Familie. Herrgott, ein Mann braucht doch eine Familie. Sei nicht zu wählerisch. Such nicht zu weit. Wie heißt es im Volkslied: Wiillst du immer wäheiter schweifeen, sieh das Gute liegt so nahaa, leehrne nur das Glück ergreifen, denn das Glück ist immer daa, iiimmer, iiiimmer da. Wo willst du hin. Na. Schlaf einmal drüber, Agnes, schlaf einmal, mein Angebot gilt.

**

SIMON Wer singt.
FRANZECK Verzeihung.
SIMON Hier liegt ein Toter, und der Franzeck singt.
FRANZECK Ich tus nicht wieder.
SIMON Wann muss ich vor die Wähler treten.
FRANZECK Bald.
SIMON Gut. Bring Schnaps.
FRANZECK Schnaps.
SIMON Schnaps, Franzeck, du weißt, was das ist.
FRANZECK Du solltest jetzt nicht trinken.
SIMON Ich will auf meinen Sieg anstoßen. Wir haben etwas zu feiern. Wir haben eine Wahl gewonnen. Schnaps, und zwar plötzlich.
FRANZECK Es ist nichts im Haus. Kein Wein, kein Bier, kein nichts, kein Brennsprit, nicht einmal Möbelpolitur. Ich habe alles weggeschüttet. Du weißt warum.
SIMON Dann besorgst du eben welchen. Sofort.
FRANZECK Simon. Ich.
SIMON Was ist.
FRANZECK Ich kann keinen Schnaps kaufen. Unmöglich, die Versuchung, ich fürchte, ich.
SIMON Ich glaube an dich, Franzeck, du schaffst das.
FRANZECK Verlang das nicht von mir, Simon, alles, aber nicht das, ich bitte dich.
SIMON Raus mit dir.

**

SIMON Wir werden aus der Geschichte verschwinden, Helle, mit uns sterben die Korachs aus. Wir hatten siebzehn Ge-

nerationen. Und wir sind die letzten. Man hat heute einen Korach gewählt, aber das ist nur die letzte Blüte vor dem Untergang. Die ganze Zukunft unseres Geschlechts lag in Peter und seinem Sohn. Peter liegt da, und das Kind ist kein Korach. Was gibt es da zu lachen.
HELLE Du bist albern.
SIMON Du als Frau verstehst das nicht.
HELLE Das ist doch alles nicht dein Ernst.
SIMON Als Mann denkt man in größeren Zusammenhängen. Ach, lassen wir das. Ich mag nicht streiten. Nicht jetzt. Bist du eigentlich stolz auf mich.
HELLE Stolz.
SIMON Dein Mann wurde gewählt.
HELLE Du willst das Amt doch nicht etwa annehmen. Simon. Wenn du das tust.
SIMON Was dann.
HELLE Sie haben dich bloß aus Mitleid gewählt. Weil wir Peter verloren haben.
SIMON Die Menschen in dieser Stadt wollen eine Veränderung.
HELLE Du hast dieses Amt mit dem Leben deines Sohnes bezahlt. Hast du keine Selbstachtung.
SIMON Ich bin es den Wählern schuldig. Und schließlich hätte mich Peter auch gewählt. Helle. Peters Tod. Ich meine. Es war Schicksal.
HELLE Du hast ihn weggeschickt.
SIMON Er ist durchgedreht. Er hat mir die Füße verbrüht, er hat mit einem Vaterschaftstest herumgefuchtelt und mir damit gedroht. Er wollte mich erpressen. Er meinte, man könne grundsätzlich niemals sicher sein.
HELLE Stimmt ja auch.
SIMON Alte Frau, was fällt dir ein. Vor deinem toten Kind. Das wir großgezogen haben. Schäme dich.
HELLE Ich meinte nur, man könne grundsätzlich nicht sicher sein.
SIMON Grundsätzlich vielleicht nicht, in deinem Fall aber

sehr wohl. Du kannst doch nichts für dich behalten. Ich kenne dich, Helle, schließlich habe ich dich zur Frau gemacht.

HELLE Mach dich nicht lächerlich.

SIMON Ich habe dich entjungfert.

HELLE Hast du nicht.

SIMON Habe ich. Und du hast dich sogar dafür bedankt.

HELLE Du Dreckskerl.

SIMON Du warst froh, es hinter dir zu haben. Du hast Qualitäten, aber eine Liebesgöttin bist du nun wirklich nicht.

HELLE Vielleicht bin ich es nicht bei dir.

SIMON Du bist kalt, kalt wie ein Fisch.

HELLE Kalt bin ich nur in deinen Händen. Alle werden kalt in deinen Händen. Hier liegt dein einziger Sohn, tot, weil du dich nicht versöhnen wolltest, und deine einzige Sorge ist, dass nun die Korachs aussterben.

SIMON Müssen sie nicht. Ich bin schließlich noch nicht vertrocknet.

HELLE Du armer, armer Mann.

SIMON Lass mich doch in Ruhe.

HELLE Wirst du das Amt annehmen.

SIMON Ich bin fest entschlossen.

HELLE Dann gehe ich.

SIMON Geh nur, geh nur.

HELLE Simon. Es war Gruber.

SIMON Was ist mit Gruber.

HELLE Den Namen, den ich dir nicht nannte.

SIMON Gruber. Mach dich nicht lächerlich. Du und Gruber. Das geht rein optisch nicht. Das wäre ja wie Dogge und Dackel.

HELLE Es ging sehr gut, Simon, ich schwöre, ich war nicht kalt bei ihm. Vielleicht überdenkst du noch mal deine Ansichten über die Grundsätzlichkeit. Und über den Zweifel. Gute Nacht.

***

FRANZECK Ich stehe an den Gestaden eines Meeres, eines Meeres aus Schnaps, aus Oberengstringer Marillenbrand, mittlerer Lauf, um genau zu sein. Von weit draußen, wo die Erde sich krümmt, da ruft diese Stimme, eine Kinderstimme, hell, unschuldig, herzzerreißend. Fraaanzeck. Fraaanzeck. Kooom. Kooom. Lass mich nicht ertrinken. Und ich, kurzentschlossen, springe, tauche, schwimme, schaufle mich durch diese glasklare, verführerische Flüssigkeit, und ich weiß, auch nur ein Schluck, auch nur ein Fingerhut davon, und ich bin verloren. Der Marillenbrand duftet wie der Paradiesgarten, kleine Marillenstückchen schwimmen vorbei, wie Goldfischchen, saftig, fleischig, Schnaps getränkt. Eine Götterspeise, eine vom Teufel. Mein Kopf droht zu platzen, aber ich beherrsche mich und konzentriere mich auf den Ruf. Kenne ich diese Stimme. Ja, aber woher. Sie klingt wie. Wie ein ertrinkendes Kätzchen. Zart. Fraaanzeck. Fraaanzeck. Wer kann das sein. Wer ruft. Und dann, entfernt, taucht eine bleiche Masse aus den Fluten. Eine Insel. Ein Boot. Ein Mensch. Aber wer. Wer liegt flach im Marillenbrand, auf dem Rücken, planscht, spritzt Fontänen in den Himmel. Und von Seenot keine Spur. Wer. Wen sehe ich. Mich. Den Franzeck. Voll wie ein Pottwal. Und ruft proforma zwischen zwei Schlucken Hilfe, Hilfe, ich ertrinke. So ein Schlawiner. Was tue ich. Soll ich den Mann retten. Retten. Der will nicht gerettet werden. Herunterziehen würde er mich. Dieses Opfer bringe ich nicht. Nicht für diesen Säufer, diese wertlose Kreatur. Ich habe ihn kurzerhand ersäuft. In den Marillenbrand getunkt. Hat noch zweidreimal gezuckt, aber dann war Ruhe im Destillat. Franzeck still und bleich wie der Molch im Tequila. Hier ist die Flasche.
SIMON Bring Gläser. Und eine Schere.
FRANZECK Das Weiße im Auge des Drachen habe ich gesehen. Und bin nicht gewichen.
SIMON Gläser, sage ich, zwei.

Franzeck Helle trinkt.
Simon Helle. Nein. Du wirst trinken, Franzeck, du.
Franzeck Simon, ich bitte dich.
Simon Du wirst einen alten Mann in diesem Moment nicht alleine trinken lassen.
Franzeck Ich fürchte.
Simon Du trinkst.
Franzeck Es bringt mich um.
Simon Ich habe dich erschaffen, ich werde dich vernichten.
Franzeck Simon.
Simon Ich scherze, Franzeck. Was glaubst du. Ich liebe dich. Das ist doch keine Sache. Wir wollen anstoßen. Nicht die ganze Flasche leeren.
Franzeck So.
Simon Du hast doch längst deine Standfestigkeit bewiesen. Deinen Willen.
Franzeck Meinst du.
Simon Natürlich. Du bist kuriert und längst kein Trinker mehr.
Franzeck Ich habe geschworen.
Simon Lass das. Dieses Pathos. Schwüre. Nimm dich nicht so wichtig. Du willst mein Referent werden. Du wirst anstoßen müssen, auf Empfängen, Eröffnungen, Jubiläen. Also.
Franzeck Gerne. Aber ich kann nicht.
Simon Franzeck.
Franzeck Ein Schluck nur. Ein Nipperchen allerhöchstens.
Simon Na also. Nur Mut. Dann hebe ich das Glas. Worauf trinken wir, Franzeck, was denkst du.
Franzeck Auf.
Simon Auf unseren Sieg natürlich. Auf den Triumph der Hoffnung über die Agonie. Und wir trinken auf Peter, der für die Wahrheit sein Leben gelassen hat. Ihn wollen wir zum Vorbild nehmen, von jetzt an und für immer. Wann immer wir zweifeln, wann immer wir nicht sicher sind und wanken auf dem Pfad der Tugend, so soll uns sein Beispiel leiten. Prost.

FRANZECK Prost.
SIMON Prost. Du trinkst gar nicht.
FRANZECK Ich trinke doch, ich trinke. Gütiger, ist das schön. Was ist jetzt. Simon.
SIMON Was denkst du. Wer liegt da. Kalt und tot. Mein Sohn. Mein einziger.
FRANZECK Er war ein feiner Mensch.
SIMON Dem Leben zugewandt.
FRANZECK Kompromisslos.
SIMON Ein Korach, ein echter Korach. Lass dieses Grinsen.
FRANZECK Ich grinse nicht.
SIMON Ich sehs doch. Du freust dich.
FRANZECK Nur über deine Wahl.
SIMON Über Peters Tod freust du dich.
FRANZECK Simon. Wie könnte ich.
SIMON Hast dich vor Freude kaum zu halten gewusst, wie du mir die Todesnachricht überbrachtest. Deine Leichenbittermiene ist schlechte Maskerade.
FRANZECK Wir haben ein Ziel erreicht.
SIMON Wir. Was bitte war dein Verdienst dabei.
FRANZECK Er war klitzeklein.
SIMON Gar nicht vorhanden.
FRANZECK Wenn du meinst.
SIMON Franzeck, mein Junge. Komm zu mir. Ich bin dir nicht böse. Ich verstehe dich. Du willst an Peters Stelle treten. Als mein Sohn. Mein Erbe. Nicht wahr, so ist es doch.
FRANZECK Simon.
SIMON Trinken wir noch ein bisschen. So. Und nun bringe mir eine Schere.
FRANZECK Eine Schere.
SIMON Hörst du schlecht. Warte. Erst noch einen Schluck.
FRANZECK Nein.
SIMON Drecksack. Es wird getrunken.
FRANZECK Ich will nicht.
SIMON Referent oder Parkbank. Du wählst. Gut. Trink, mein Sohn. So ist gut. Nur weg damit.

FRANZECK Ist das gut. Wie konnte ich nur so lange ohne sein. Ich bin verloren.
SIMON Ach was. Deine Reden. Peter. Mein Junge. Hörst du mich. Hier spricht dein. Hier spricht Simon. Hör zu.
FRANZECK Eine Totenrede, jawohl. Ruhe, Ruhe im Saal. Der Magistrat hält eine Totenrede.
SIMON Als erstes möchte ich sagen. Es tut mir leid.
FRANZECK Mea culpa, mea maxima culpa.
SIMON Ruhe. Peter. Ich wusste nicht. Ich hätte dich doch nicht. Also. Peter. Das musst du mir glauben. Ein offenes Wort. Ich habe soeben deine Mutter. Wie soll ich sagen. Du musst begreifen. Franzeck, wir brauchen Weiber.
FRANZECK Jetzt gleich.
SIMON Ich will nicht aussterben. Peter. Du verdammter Dickkopf. Meine Füße brennen wie die Hölle. Mir mein geliebtes Fußbad so zu verderben. Wie soll ich jetzt mit diesen Füßen noch ein Fußbad. Moment. Ich könnte kaltes Wasser. Natürlich. Franzeck. Los. Bring mir das Becken. Kaltes Wasser. Peter. Ich liebe dich. Ich habe Fehler gemacht. Ich würde anders, wenn ich könnte. Und ich habe immer mich gesehen, viel zu sehr mich gesehen. Nicht dich. Das war nicht gut.
HELLE *tritt auf, mit Koffern.*
SIMON Aber jetzt habe ich Möglichkeiten, verstehst du, jetzt kann ich vieles ändern, nicht zwischen uns, ja, aber es gibt viele Männer wie dich, viele Söhne, ich sags dir. Siehst du. Ich bin gewählt, Peter, gewählt. Ich danke dir. Gibst du mir deinen Segen. Ich brauche deinen Segen. Sag doch was, ich meine, gib mir ein Zeichen. Und lächle nicht so geheimnisvoll. Das mag ich nicht. Gruber lächelt genau so. So blasiert und eingebildet. Das hast du nicht nötig. Peter. Du bist doch ein Korach.
Er will eine Locke aus Peters Schopf schneiden.
HELLE Was tust du da.
SIMON Herrgott. Hast du mich erschreckt. Stehst du schon lange da.

HELLE Was willst du mit der Schere.
SIMON Sie werden ihn verbrennen, und nichts wird bleiben als Asche. Ich will eine Erinnerung, eine Locke bloß.
HELLE Die Probe willst du machen.
SIMON Hast du etwas zu fürchten.
HELLE Und du. Was fürchtest du. Was würde für dich ändern, wenn er nicht dein Sohn wäre. Würdest du Peter weniger lieben. Wärst du weniger traurig über seinen Tod. Ändern kannst du nichts mehr. Er ist tot.
SIMON Was willst du mit dem Koffer.
HELLE Ich gehe, Simon.
SIMON Du gehst.
HELLE Das hast du dir doch gewünscht.
SIMON Aber doch nicht jetzt gleich.
HELLE Warum noch Zeit verlieren.
SIMON Und wer begräbt deinen Sohn.
HELLE Das schaffst du alleine.
SIMON Helle. Ich. Bitte. Ich brauche dich.
HELLE Franzeck wird dir helfen.
SIMON Ich brauche dich, Helle. Es tut mir leid. Was ich vorhin gesagt habe. Bitte. Bütterchen. Herrgott, was werden die Leute. Ich meine, versteh doch. Es wird Presse da sein, das Fernsehen, sie werden das ausschlachten, deine Abwesenheit wird ihnen Schlagzeilen liefern. Ich will keinen schlechten Start erwischen. Ja, verstehst du nicht.
HELLE Und einen Moment habe ich geglaubt, es ginge dir um mich.
SIMON Helle. Nein.

***

FRANZECK Herr Magistrat. Hier kommt ihr Fußbad. Und eine Kanne Kaffee. Es soll ja nicht zu krawallig werden vor der Presse. Ich habe ein Taxi bestellt, man wird dich abholen.
SIMON Was ist jetzt. Was tust du, nicht die ganze Flasche, du, mein Gott, jetzt ist sie leer.

FRANZECK Die richtet keinen Schaden mehr an. Du sollst nicht betrunken vor die Presse treten. Leb wohl, Simon, und danke für alles.
SIMON Die ganze Flasche. Schuft. Ich wollte noch ein bisschen saufen. Franzeck. Wo willst du hin. Deine Scherze, Franzeck, werden von Tag zu Tag schlechter. Mich erwischst du nicht. Franzeck. Ich habe gute Neuigkeiten. Helle ist weg. Jetzt sind wir alleine. Nur du und ich. Nun brauchen wir keine Rücksichten mehr zu nehmen. Morgen verbrennen wir Peter, und dann bin ich ganz alleine und ganz frei. Sie werden mir nichts mehr anhaben können, diese Familientiere. Familie, Franzeck, merk dir das, Familie macht schwach, und wir dürfen jetzt nicht schwach sein. Jetzt nicht. Jetzt müssen wird durchgreifen. Wir werden die ganze verlotterte Administration ausmisten, von oben her. Diese Drecksäcke haben es sich gemütlich gemacht in ihren Direktionen, wir werden einmal hübsch durchlüften, und wir werden keine Rücksicht nehmen auf irgendwelche persönlichen Umstände. Ha. Persönliche Umstände. Aber wir werden diesen Säcken die Arbeit nicht abnehmen. Sie sollen ihr Biotop selbst ausheben, ihr Rattennest. Wir werden ihnen sagen: kündigt einem Viertel eurer Leute. Oder besser einem Drittel. Und dann, wenn sie es getan haben, werden wir ihnen dasselbe noch einmal aufgeben, und wenn sie es getan haben, werden wir ihnen die gleiche Aufgabe noch einmal geben, und so weiter. Was sie aufgebaut haben, sollen sie zerstören, wir müssen dieses Unkraut mit der Wurzel ausgraben, hörst du Franzeck. Gar nicht schlecht, das kalte Fußbad. Wir werden die Ämter mit jungen, hungrigen Ehrbaren auffüllen. Der Jugend gehört die Zukunft. Und wenn du dich gut hältst, dann machen ich dich zu meinem Gesundheitsdirektoren. Suchtbekämpfung undsoweiter, verstehst. Die Jugend braucht Vorbilder. Aber zuerst wirst du mein Wadenbeißer sein, mein Kammerjäger, mein Taubengift. Mein Berija. Sie werden dich fürchten, freue dich, du wirst ihr Alptraum sein. Die studierten Honoratioren wer-

den zittern und deine Füße lecken. Du wirst die Herren und ihre Zöglinge antraben lassen. Und dann lässt du sie aussuchen, wen sie als erstes feuern wollen. Wer zuerst über die Klinge springen muss. Ha.
Ein Schuss fällt.
Sehr komisch, Franzeck, wirklich sehr komisch.
Ein Kind schreit.
Agnes. Bist du noch da. Agnes. Nimm das Kind mit.
Das Kind schreit.
Agnes. Hat sie das Kind einfach. Wie. Franzeck. Jetzt hast du mit deinem Scherz das Kind geweckt. Würdest du bitte. Wenn du schon das Kind. Franzeck.
Das Kind schreit.
Das ist ja nicht auszuhalten. Herrgott. Wird sich jetzt bitte jemand um diesen. Kann jemand dieses Kind beruhigen, bitte.
Das Kind schreit noch eine Weile.
So wird es dunkel.

Fin de la bobine.

Amygdala
Vollständige Fragmente
einer unvollständigen Stadt

1.

Wann sehen wir das Honorar.

Gleich im Anschluss.

Und wenn wir nicht bestehen.

Sie können nicht nicht bestehen. Ein Experiment ist keine Prüfung. Wir werden ein Spiel spielen, und wir möchten beobachten, was dieses Spiel in ihrem Gehirn auslöst. Das ist alles. Weitere Fragen.

Werden wir betäubt.

Um Gotteswillen, nein.

Sie fummeln an uns rum, und wir kriegen nicht einmal eine Narkose.

Das Experiment ist absolut schmerzlos.

Stromschläge.

Keine Stromschläge.

Und das Ding da auf meinem Kopf.

Es misst bloß Ihre Hirnströme. Weitere Fragen. Nicht. Rot, sind Sie bereit. Ja. Grün. Gut. Dann beginnen wir mit dem Experiment. Es ist acht Uhr, dreizehn Minuten, vierzig Sekunden. Proband Grün: Männlich, Zweiundzwanzig, ohne Beruf, Rechtshänder. Proband Rot: Männlich, dreiundzwanzig Jahre alt, ledig, Koch, ebenfalls Rechtshänder. Zu Beginn des Spiels teile ich jedem von ihnen nun tausend Franken aus.

Sind die echt.

Selbstverständlich.
Gut. Rot. Sie eröffnen das Spiel. Sie haben dabei zwei Möglichkeiten. Sie können erstens Grün ihr Geld schenken.

Nie im Leben.

Vielleicht überlegen Sie es noch einmal, wenn ich Ihnen sage, dass ich, falls Sie es tun sollten, den Betrag vervierfachen werde, das heißt, Rot weitere viertausend Franken dazu gebe. Grün wird dann also fünftausend Franken besitzen.

Und ich.

Nichts. Null. Nada.

Feines Spiel.

Moment. Ich bin noch nicht fertig. Rot hat nämlich in einem zweiten Schritt die Möglichkeit, die Fünftausend mit Ihnen zu teilen. Sie würden dann beide zweieinhalbtausend Franken besitzen.

Und die dürften wir behalten.

Allerdings.

Und was, falls er nicht teilen will.

Rot hat keinerlei Verpflichtung dazu. Sie, Grün, würden leer ausgehen.

Moment mal. Damit ich das begreife. Ich kann jetzt mit meinen tausend Franken nach Hause gehen.

Korrekt.

Oder aber ich vertraue Jesu, ich meine Grün, und habe vielleicht zweieinhalbtausend. Oder vielleicht nichts.

Richtig. So funktioniert das Spiel Rot, wie entscheiden Sie sich also.

Wie entscheide ich. Wie entscheide ich. Wie entscheide ich.

Bist du blöd. Schieb die Kohle rüber.

Wie weiß ich, dass ich dir vertrauen kann.

Schau mich an. Schau in meine Augen. Was siehst du da. Du siehst Vertrauen.

Ich kenne dich. Und ich kenne dich gut. Ich weiß, was für ein Kerl du bist. Du wirst die Fünftausend für dich behalten.

Wie kannst du das sagen. Ich bin dein Freund.

Rot. Ihre Entscheidung bitte.

Ich brauche Bedenkzeit.

Nein, bitte, Sie dürfen hier nicht rauchen.

Ich muss jetzt aber rauchen.

Unmöglich.

Ich rauche jetzt.

Entweder Sie entscheiden sich. Oder wir brechen das Experiment ab.

Was ist das hier. Willst du mich unter Druck setzen, du verdammter Einstein.

Jetzt beruhige dich und schieb das Geld rüber.

Nein, ich beruhige mich nicht. Ich bin vielleicht auf die verdammte Kohle angewiesen, aber deswegen bin ich noch lange kein Karnickel. Für die sind wir nur Idioten, Jesu. Abschaum. Blöd wie ein Kalbshintern. Stecken uns wie weiße Mäuse in eine Kiste und spielen ein dreckiges Spielchen.

Wir bringen die Sache hier zu Ende und sind weg.

Schalt mal dein beschissenes Hirn ein. Glaubst du vielleicht, die lassen uns hier mir nichts dir nichts mit der ganzen Kohle rausmarschieren.

Hat er doch gesagt.

Die haben ein zweites Drehbuch, Freund. Kaum schieb ich dir Kohle rüber, springt der Einstein aus seiner Ecke und ruft, hahaha, reingefallen, sie kriegen überhaupt kein Geld, von niemanden.

Wozu bitte soll das gut sein.

Er will meine Enttäuschung messen. Ich habe dich durchschaut, du blöder Mikroskopenficker. Bin ich denn blöd. Ich kenn das doch. Sie erzählen den Leuten, es gehe um dies und das, und dabei geht es um das und dies.

Wie ich Ihnen zu Beginn gesagt habe, geht es in diesem Experiment um altruistische Gewalt. Um nichts anderes. Und wenn Sie sich jetzt nicht beruhigen, brechen wir das Experiment ab.

Was ist das, Jesu. In der Ecke. Was ist das.

Sieht aus wie eine Kamera.

Eine Kamera. Allerdings. Verstehst du.

Sie dient Dokumentationszwecken. Steht in der schriftlichen Vereinbarung, die Sie unterschrieben haben. Der Proband ist einverstanden, dass zu Dokumentationszwecken audiovisuelle Aufnahmen mitgeschnitten werden.

Ich schieb dir die Dokumentationszwecke gleich breitwärts in deinen Forscherhintern.

Gut. Danke. Bis hierhin. Wir brechen das Experiment ab.

Sie wollen sehen, wie einer aus der Unterschicht seine Fassung verliert. Bestimmt hocken ihre Kollegen hinter dieser Scheibe da und geilen sich daran auf, wie ich langsam im Roten drehe, nicht wahr, so ist es doch. Sitzen und glotzen und glotzen und finden uns komisch. Wie sich da einer aus der Unterschicht das Hirn zermartert. Wollen Sie mal ein paar tolle Ausschläge auf ihrem Geigerzähler. Gut, könnt ihr haben.

Ruhig, ruhig.

Sind wir hier im Zoo. Ja. Klar sind wir hier im Zoo. Dann benehmen wir uns doch wie im Zoo, nicht. Ich werde diesen Reagenzglasfickern mal zeigen, welchen verdammten Pavian sie sich ins Haus geholt haben. Hans Gorilla. Hans Auerochse. Hans Nashornbulle. Ich werde da jetzt mal rausgehen und ein paar von diesen Drecksäcken zurück in ihren Naturzustand befördern.

2.

Im Murholz. Dort habe ich ihn gesehen, auf dem Gantertweg, kurz vor dem Steg über den Aschbach. Anfang Juni. Es hat geregnet. Geruch von altem Bärlauch. Aaron war auch dabei.

Beschreiben Sie ihn.

Aaron.

Das Tier.

Er hat mich angesehen. Und ich ihn. Auge in Auge. Er hat direkt in meine Seele gesehen, verstehen Sie, aber da war nichts, er hat in mich geschaut, und da wo ich mich vermutete, da war nichts.

Hat Aaron das Tier auch gesehen.

Wir hatten Streit. Wir hatten uns verirrt. Nicht im Murholz. Früher am Tag, weiter im Norden der Stadt. Wir sind gerade erst hierher gezogen. Ein freudloses Haus, in einer hübschen Gegend, aber das will nichts heißen. Hier ist jede Gegend hübsch, auf ihre Weise. Im Grünen, jenseits des Berges, auf der Stadt abgewandten Seite, mit Blick auf den See. Nicht auf den großen See, das können wir uns nicht leisten. Wir könnten, aber wir wollen nicht. Aaron will nicht. Er kommt von der Arbeit, wenn es dunkel ist, er hätte nichts von der Aussicht. Besser eine nette Tapete. Hat er mehr davon. Es ist ein Bauerndorf ohne Bauern, jetzt. Es gibt noch einen, der ist übrig geblieben, einen Querulanten. Man hat ihm jeden Betrag geboten, aber er will sein Land nicht verkaufen. Alles von Brombeeren überwuchert. Im Feuerweiher züchtet er Mücken. Hält noch Schweine, in einem Koben, das muss man sich einmal vorstellen. Das Dorf ist eine Sackgasse, ich meine das nicht literarisch, oder symbolisch. Faktisch. Verkehrstechnisch. Beim Kreisverkehr rechts, an der Gärtnerei vorbei, in die Bodenacherstraße, und dann Schluss. Nichts. Ende. Wald. Sie können in die Gerlisbrunnerstraße einbiegen, aber die Gerlisbrunnerstraße führt auch nur am Obstgarten und dem Sonnenhof vorbei, durch den Brunnenhof, macht da eine Schlaufe und mündet wieder in die Gerlisbrunnenstraße. Die letzte Möglichkeit ist, in die Buechwissstraße einzubiegen, aber das ist dasselbe in Grün. Wenn sie so wollen. Am Ende bleibt ihnen nur der U-Turn.

Haben Sie die Sichtung gemeldet.

Wo.

Jagdinspektorat, wildbiologischer Dienst, Wildhüterei.

An der Ecke Buechwissstraße - Gerlisbrunnenstraße gibt es eine Torwächterin, nicht wirklich eine Torwächterin, Herrgott, es gibt kein Tor, ich nenne sie so. Eine alte Frau, die tagelang auf dem Balkon sitzt und raucht. Hinter dem Ohr einen Bleistift. Wer hinein will, muss an ihr vorbei. Wer hinaus will, muss an ihr vorbei. Sie führt Buch. Aaron meint, sie löse Kreuzworträtsel. Ich sage, sie führt Buch. Eine Präsenzliste.

Wozu das. Was kann sie davon haben.

Man wird leicht missverstanden. Oft absichtlich. Ich beschränke mich auf das Nötige. Die Leute denken, ich sei einsilbig.

Man hat Ihnen nicht geglaubt.

Das habe ich auch nicht erwartet. Ich bin neu hier. Ich würde mir auch nicht glauben. Der Jagdaufseher wollte wissen, wo wir wohnen.

Das ist verständlich.

Ich habe gezögert. Eine Viertelsekunde, nicht länger, aber er hat es bemerkt. Er sieht viele Tiere. Kennt die Instinkte. Er riecht, wenn jemand zögert.

Er nahm an, Sie seien eine Wichtigtuerin.

Aaron und ich sind in den letzten sieben Jahren elf Mal umgezogen. Fünf Nationen. Eichenweg neun. Das ist unsere Adresse. Er hat es nicht überprüft. Dem Fernsehen sagte er dann, wir seien ehrbare Leute. Sind wir das. Was glauben Sie.

Ich habe dazu keine Meinung.

Ehrbar. Ein seltsames Wort. Wie trinkbar. Erpressbar. Kann man mich ehren. Habe ich eine Ehre. Keine Ahnung. Ich müsste bereit sein, für etwas mein Leben zu geben. Ich wüsste nicht, für was.

Für Ihre Kinder vielleicht.

Kinder. Wir wollen keine Zigeuner großziehen. Stop. Ich habe nichts gegen Zigeuner, wir sind bloß der Ansicht, dieses ständige Umziehen würde ihnen nicht bekommen. Uns macht das nichts aus. Wir sind erwachsen und verloren.

Kinder brauchen vor allem Liebe.

Ach. Liebe. Ein bisschen viel verlangt. Wir haben keine Liebe. Die Leute in unserem Dorf sind alle so zu Hause, beheimatet. Schön für sie, aber anzusehen ist es hässlich. Ich habe keine Ehre. Mit uns ist etwas nicht in Ordnung, da bin ich mir sicher.

Mit uns.

Mit den Leuten meiner Gattung. Mit mir. Nicht, dass ich etwas falsch mache, oder mich falsch benehme. Ganz im Gegenteil, ich mache alles richtig, wie man es von mir erwartet. Aber meine Funktion als solche ist fehlerhaft. Mich braucht es nicht. Ich bin bloß Ressourcenfresser. Angenommen, es gäbe eine Revolution. Mich würde man als Erste erschießen. Und das zu Recht. Ich würde mich auch erschießen lassen. Mein Leben in dieser Gegenwart bedeutet ein Leben weniger in der Zukunft.

Sie nehmen sich sehr wichtig.

Was geht Sie das an.

Lachen Sie doch.

Ich will nicht lachen. Steht meinem Gesicht nicht. Sehen Sie selbst. Also.

3.

Jetzt einmal ohne Wennundaber. Er ist ein toller Kerl. Berühmt, seine Arbeit bedeutend, er hat großartige Arbeiten publiziert, bahnbrechende Studien über den Transport bestimmter Glukoseverbindungen unter Stress. Zweimal die Book-and-Shield-Medal erhalten. In seinem Alter einzigartig. Eine Koryphäe, ein Ass. Du bewunderst ihn, himmelst ihn an. Wie willst du ihn nennen, jetzt, hier. Sören. Nein, nicht Sören. Nennen wir ihn Jack. Jack, das ist ein Name. Oder noch besser: Akira. Luigi. Seneberato. Achim. Xerxes. Egal. Er wird dich besuchen. Will sich dein Experiment zeigen lassen. Es ist eine unglaubliche Ehre. Er hat sich angemeldet, weil er über deine letzte Studienreihe gelesen hat. In einem unbedeutenden, drittklassigen Journal, was ja nichts anderes als seinen Weitblick beweist. Er liest alles. Er weiß alles. Er trägt keine Scheuklappen. Gut. Er kommt schon heute abend. Er kommt von ziemlich weit her. Von sehr weit her. Das muss genügen. Meinetwegen, noch dieser kleine geografische Hinweis. Damit sich alle ein Bild machen können. Obwohl. Man braucht eigentlich überhaupt kein Bild. Gut. Um siebzehn Uhr vierunddreißig wird seine Maschine landen. Und du wirst ihn erwarten. Sieg. Du weißt nicht, wie er aussieht. Du kennst nur seinen Namen. Du gehst dir also einen Karton besorgen, einen großen Karton, vielleicht ist er ja kurzsichtig und die Lichtverhältnisse in der Ankunftshalle sind vielleicht unberechenbar. Dazu dicke Filzstifte, rot und schwarz. In großen roten Lettern schreibst du deinen Namen auf den Karton. Das macht Spaß, du hast seit Jahren nicht gemalt. Herrlich, wie die Filzer quietschen, und du bist richtig traurig, als du den letzten Buchstaben deines Namens gemalt hast. Sieht klasse aus. Was noch. Der Name des Instituts noch. Nur ein Name ist schließlich nichts. Gut. Psychiatrische Universitätspoliklinik. Sehr gut. Was noch. Du hast den Dr. vergessen. Passiert dir oft. Du bescheidene, brave Haut. Machst dir nichts aus deinem Titel, du guter, lieber, freundlicher Mann. Also. Himmel, macht das Spaß. Musst dich zusammenreißen, dass du nicht noch kleine Sternchen malst, oder Blümchen. Obwohl, ein schematischer Schnitt durch den Kortex, als kleines Zunftwappen, als ein zusätzliches Erkennungszeichen, das ist erstens sympathisch und zweitens passend. Leider misslingt dir die Zeichnung. Völlig. Dein Großhirn sieht aus wie ein ungeschorenes Schaf. Ohne Beine. Das passt zu dir. Oft genug verpasst du den Augenblick, wo es aufzuhören gälte. Wie manche Forschungsreihe hast du ruiniert. Du machst deinem beinlosen Schaf Beine. Warum auch nicht. Schafe sind nützliche, liebevolle Tiere, die der strengen Führung bedürfen. Es ist ein sehr, sehr schönes Schild geworden. Du gehst zu früh los. Viel zu früh. Nimmst den Wagen. Du hast Hunger. Eine Hefeschnecke wäre jetzt das Richtige. Du machst einen kleinen Umweg über den Kreuzplatz. Dort gibt es eine Bäckerei, und die hat Hefeschnecken, die sind Weltklasse. Du lässt dir eine Schachtel Schokolade einpacken. Als Geste. Jetzt bist du lanciert. Was braucht ein Mann, der zum ersten Mal in unsere Stadt kommt. Er braucht Informationen. Also in die Buchhandlung. Berlitz. Zweihundertvierunddreißig Seiten für drei Tage und zweihundertfünfzigtausend Einwohner. Das macht achtzig Seiten pro Tag. Das ist zuviel. Das wird ihn überfordern. Gut, man kann sagen: Er ist ein Genie. Liest bestimmt sechs Seiten die Minute. Dann braucht er immer noch vierzig Minuten. Aber das ist nicht das Problem. Er will arbeiten. Ihm geht es um deine Forschungsreihe. Er will nicht das Großmünster sehen, er scheißt sich was auf den Zoo, und städtebaulich hat diese Stadt ohnehin nichts zu bieten. Du entscheidest dich für den offiziellen Guide der Fremdenverkehrszentrale. Achtzig Seiten. Kostenlos. Das wird reichen. Auf dem Weg zurück zum Wagen begegnest du einem Probanden, und das ist dir immer unangenehm, peinlich. Frankenstein, der sein Monster trifft. Ein Verlierer. Ihr wechselt ein paar Worte. Er trägt Salz mit sich, eine ziemlich große Menge, zehn, zwanzig Kilo. Was er damit wolle. Er sagt, er sei Koch. Er wolle Fleisch einpökeln. Du lässt ihn stehen. Bist eine halbe Stunde zu früh in der Ankunftshalle. Du wartest. Du hast lange nicht gewartet. Warten ist schön. Du schaust dir die Schokolade an. Du hast sie nicht einpacken lassen. Sie hatten bloß Papier mit Herzaufdruck, und er ist erstens nicht Herzspezialist, und zweitens würde Herzpapier ein falsches Zeichen setzen. Du bist klug. Du denkst voraus. Du liest. Zartschmelzende Schokolade mit einem Hauch von Orange. Bestimmt lecker. Orange. Sehr apart. Zeugt von Geschmack. Zartschmelzend. Zartschmelzend allerdings ist nicht ideal. Überhaupt nicht ideal. Bei Zartschmelzend sieht man Zungen, Speichel, wie etwas Braunes am Gaumen zerdrückt wird. Überhaupt. Schokolade. Du willst ihn nicht heiraten. Du willst ihn nicht bumsen. Du willst mit ihm arbeiten. Wohin mit der Schokolade. Wirf sie weg. Und die armen Negerkinder. Die verhungern, weil sie verhungern sollen. Die verhungern, weil man sie weghaben will. Hunger ist Krieg. Wirf sie weg. Verschenk sie. War sie zu teuer. Das ist das dein Problem. Du bist knauserig. Dir fehlt die Großzügigkeit. Du wirst die Schokolade Clara bringen. Du gehst zurück ins Parkhaus. Ein ziemlich weiter Weg. Rolltreppe, Lift, Etage G, falsch, es ist Etage C, wieder runter, vierte Reihe, du legst die Schokolade ins Handschuhfach. Jetzt musst du dich beeilen. Nicht ganz einfach mit deinem Karton. Zurück in die Empfangshalle. Die Maschine ist gelandet. Chauffeure, Taxifahrer, Empfangsdamen und Typen wie du drängeln sich um die Schiebetür. Wartende. Viele haben Schilder, aber keiner hat ein so schönes Schild wie du. Du hast nur Verachtung übrig für die Fresszettel in Zeigemappen. Was du jedoch nicht bedacht hast. Wie schwierig es ist, ein Schild mit dem eigenen Namen vor die Brust zu halten. Irgendwie peinlich. Dein eigener Name ist dir peinlich. Du liest die Namen auf den anderen Schildern. Mr. Harris. Mr. Ishiguro. Señor Saiz. Offensichtlich nicht die Namen der Chauffeure, Taxifahrer, Empfangsdamen, die hier warten. Auf ihren Schildern stehen die Namen ihrer Gäste. Um sie geht es schließlich. Um die Gäste. Es ist doch vollkommen egal, wer sie abholt. Was steht auf deinem Schild. Doktor Aaron Werkmann, Psychiatrische Universitätspoliklinik. Und daneben ein Schaf. Großartig. Was ist eigentlich los mit dir. Du bist größenwahnsinnig. Oder ein Idiot. Wenn du dich nicht im ersten Moment lächerlich machen willst, dann solltest du dieses Schild loswerden. Aber wie. Heimlich weglegen, irgendwo, wo es keiner sieht. Gute Idee. Leider steht dein Name drauf und deine Anschrift. Sie werden es dir nachschicken, mit einer Buße fürs Littering. Zurück in den Wagen. Ist ein bisschen weit, nicht. Aber du schaffst das, Häschen. Rolltreppe, Lift, Etage G, falsch, es ist Etage C, wieder runter, vierte Reihe, du legst dein schönes buntes Schild in den Kofferraum.

Und rennst zurück. Die Halle ist leer. Niemand mehr da. Nur ein Mann wartet noch. Du stürzt auf ihn zu. Nennst deinen Namen. Er schaut dich verständnislos an. Du nennst seinen Namen. Er lacht und sagt. Hallo.

4.

Hallo.

Wie heißt du.

Jenny.

Erzähl keinen Unsinn. Jenny heißt niemand.

Wie heiße ich denn.

So eine wie du.

So eine wie ich.

So eine wie du könnte Lilly heißen.

Gut. Ich heiße Lilly. Und wie weiter.

5.

Sie waren mit ihrer Geschichte schließlich im Fernsehen.

Die Journalistin war sehr nett. Nicht aufgeregt, nicht in Eile, entspannt. Aber sie war alleine. Sehr erniedrigend. Für sie. Sie hatte keinen Kameramann, das Mikrofon hielt sie selbst.

Armselig. Lokalfernsehen. Ich hatte Mitleid. Das ist ihr Trick. So kommt sie zu ihren Geschichten.

Wie.

Die Leute denken, sie müssten der Frau helfen. Ich habe die Geschichte ausgeschmückt, um ihr zu helfen.

Sie haben gelogen.

Sie hören nicht zu. Ausgeschmückt. Sie fragte, wie ich mich gefühlt habe, als ich ihm gegenüberstand. Ich: Angst, Urangst, Beuteangst, Höhlenbewohnerangst. Das habe ich gesagt. Und dass ich damit nicht gerechnet habe. Nicht in dieser kleinen, aufgeräumten, sicheren Stadt. Sie nannte mich in ihrem Beitrag sichtlich geschockt.

Und.

Nichts von alldem. Endlich bist du da, das habe ich gedacht. Das klingt ein bisschen indianisch, aber ich bin nicht indianisch. Ich mag keine Indianer. Wir sind ein Teil der Erde – und sie ist ein Teil von uns. Die duftenden Blumen sind unsere Schwestern, die Rehe, das Pferd, der große Adler – sie sind unsere Brüder. Ich liebte Häuptling Seattle, als ich klein war. Nicht klein, halbwüchsig. Ich schrieb seine Rede an den amerikanischen Präsidenten mit roter Tinte auf Büttenpapier und hängte sie hinter Glas. Ich glaubte daran. Ich sagte: Sagt nicht Indianer. Sagt Ureinwohner Amerikas. Sagt Shoshonen. Sagt Sioux. Sagt nicht Eskimo. Sagt Yupit, Inuit. Die Rede ist eine Fälschung. Irgendein weißer Lümmel hat sie sich ausgedacht. Ein Filmproduzent aus Hollywood. Und: Der wahre Chief Seattle war ein Verräter. Er verkaufte das Land und brachte seine Leute ins Reservat. Die Wahrheit ist: Er war ein Katholik. Und er war gewiss nicht der Schlimmste. Manche Stämme hielten Sklaven. Frauen waren Handelsware. Die Indianer waren nicht besser als ich.

Man hat sie beinahe ausgerottet.

Viele waren Säufer. Spielsüchtig. Miese Typen.

Wollen Sie damit sagen, die Ureinwohner hätten ihr Schicksal verdient.

Ich war im Zoo. Ich wollte sicher sein. In der Zeitung stand, es sei sehr unwahrscheinlich, dass sich ein Individuum so nahe an die Stadt wage. Ausgerissen sei er auch nicht, das hätte man bemerkt. Die letzte Möglichkeit: ein Illegaler. Einer, der irgendwo versteckt gehalten wurde und sich aus dem Staub gemacht hat. Das haben sie nur gesagt, um mich zu trösten. Um mir nicht das Gefühl zu geben, mir fehle ein Pokal in der Vitrine. Immerhin wohne ich am Eichenweg. Der Zoo hat nichts gebracht. Die äußere Form war ähnlich, aber die Spannung, das Wesen waren verschieden wie Kuh und Kolibri. Ich habe Angst, ich könnte ihn nicht wiedersehen.

Sie sagten, sie hätten sich gestritten. Aaron und sie.

Er hat mir neulich Schokolade gebracht. Soll ich Ihnen ein Geheimnis verraten. Aaron. Mein Mann. Er ist halbgut.

Er ist halbgut.

Aaron ist der klügste Mensch, den ich je getroffen habe. Ich schwöre es. Aber in seinem Beruf reicht es nicht. Er schafft es nicht. Er ist Mittelmaß, und in seinem Fach wimmelt es von Genies. Er wird es nicht weit bringen. Er hätte sich ein anderes Fach aussuchen können. Irgendetwas, wo der Spielraum größer ist. Er hat keinen Spielraum. Und ich liebe ihn.

Haben Sie ihn darauf angesprochen.

Er ist da reingerutscht. Jetzt kommt er nicht mehr raus. Deshalb ziehen wir durch die Welt. Weil er keine Professur erhält. Weil er bleiben kann, bis das Budget erschöpft ist. Das Fach braucht Leute wie ihn. Kanonenfutter, Frontschweine der Wissenschaft.

Ich verstehe, wenn das zu Streit führt.

Sie irren sich. Das führt nicht zu Streit. Nie. Wir hatten uns verirrt. Sie hören mir überhaupt nicht zu. Übrigens habe ich mir nichts zu Schulden kommen lassen. Ich möchte jetzt gehen.

Natürlich.

Sie hindern mich nicht daran.

Wie könnte ich.

Sie würden, wenn Sie könnten.

Sie sind frei.

Sie sind frei. Tu, was du willst. Sie nutzen nur zehn Prozent ihres geistigen Potentials. Sehr witzig. Aaron und ich gingen raus, an die frische Luft, das tun wir immer, wenn wir Streit haben. Ausdiskutieren. Und die Luft nicht verpesten. Ich bin nicht verrückt. Ich habe bloß ein Tier gesehen.

6.

Sie möchten es noch einmal versuchen. Natürlich, sicher, jeder hat eine zweite Chance verdient. Aber wenn ich von Ihnen auch nur ein böses Wort, einen hässlichen Ausdruck, bloß ein Verdammt, Verfickt oder Verflucht höre, dann rufe ich den Herr Michel. Sie kennen ihn. Er war es, der Ihnen zuletzt den Weg nach draußen gezeigt hat. Habe ich mich klar ausgedrückt. Gut. Sie erhalten zweitausend Franken.

Zweitausend.

Zweitausend. Es waren tausend.

Wir haben das Experiment weiterentwickelt. Grün. Sie eröffnen das Spiel. Falls Sie Rot vertrauen und ihm Ihr Geld schenken, werde ich den Betrag vervierfachen und Rot wird zehntausend Franken besitzen. Sie hingegen werden mit leeren Händen dastehen, ausgenommen natürlich, Rot honoriert ihr Vertrauen und gibt Ihnen die Hälfte zurück. Haben Sie verstanden.

Ja, verstanden.

Gut, wie also lautet Ihre Entscheidung.Vertrauen sie Rot, oder behalten Sie Ihren Betrag.

Ich. Es tut mir leid.

Was tut dir leid.

Ich glaube, ich vertraue dir nicht.

Bist du verrückt.

Hans, ich.

Natürlich vertraust du mir. Du hast mir immer vertraut. Wir sind gemeinsam groß geworden. Wir sind wie Brüder. Du kannst gar nicht anders, als mir vertrauen.

Ich habe Angst, dass du bescheißt.

Ich bescheiße nicht.

Es geht mir nicht um die Kohle. Das viele Geld wird dich verderben, und dann wirst du nicht mehr mein Freund sein können und dir irgendetwas einreden, irgendeinen verdammten an den Haaren herbeigezogenen Grund suchen, weshalb du mir das Geld nicht geben konntest. Dann ist Schluss mit unserer Freundschaft, und dann ist Schluss mit deiner Selbstachtung, und dann ist Schluss mit dir.

Schluss mit mir.

Kein Mensch überlebt ohne Selbstachtung

Wir hatten eine verfickte Vereinbarung.

Noch eine Verbalinjurie, und wir brechen ab.

Fünftausend hätte ich dir zugetraut, aber nicht die zehntausend.

Bitte. Wir sind Freunde. Sei vernünftig. Vertraue mir. Schau in meine Augen. Jesu. Ich bins. Hans. Gib mir das Geld. Jetzt.

Es tut mir so leid.

Grün. Ihre Zeit läuft aus. Ich brauche Ihre Entscheidung.

Gut. Gehen wir eben mit viertausend raus. Zweitausend für dich, zweitausend für mich. Und dann geht jeder seiner Wege.

Wie meinst du.

Glaubst du, ich will noch irgendetwas mit dir zu tun haben.

Ne, Freundchen, das wars. Goodbye. Ciao. So long, Marianne.

Hans, bitte.

Was ist das jetzt. Was soll das jetzt. Du heulst doch nicht etwa. Er heult. Unser iberischer Emotionspickel heult. Ich fasse es nicht. Wo willst du hin. Wo willst du hin. Bleib hier.

7.

Lilly. Jetzt erzähl mal etwas über dich.

Ja. Gut. Hallo. Ich bin eben die Lilly.

Das wissen wir bereits. Was noch.

Lieblingsfarbe oder so.

Zum Beispiel.

Blau. Und ich mag sehr gerne deftiges Essen. Sterbe ich dafür.

Sieht man dir gar nicht an.

Danke.

Das war kein Kompliment. Hast du viele Freunde.

Nicht besonders. Aber für die, die ich habe, würde ich alles tun.

Was ist alles.

Alles, eben.

Warum mögen dich deine Freunde.

Das müsste man sie fragen, nicht mich.

Ach komm, riskier was, lass dir ein wenig in die Karten schauen.

Man sagt, ich sei eine gute Freundin. Ein Kumpel. Mit mir kann man reden. Ich verstehe alles. Bin sehr kommunikativ.

Aha. Interessant. Was meinst du damit.

Ich kann gut auf Menschen zugehen.

Das ist ein Witz jetzt, oder.

Nein. Nicht unbedingt.

Deine Schwächen.

Zu denen stehe ich. Sie gehören zu mir.

Verrätst du uns dein Alter.

Ist das wichtig.

Kommt drauf an.

Auf was.

Auf das Alter.

Ich bin alt genug, wenn Sie das meinen.

Warum Sie. Sag du zu mir. Sag einmal du.

Du.

Bisschen weicher.

Du.

Noch weicher.

Du.

Besonders begabt bis du offensichtlich nicht. Du musst dir alles erarbeiten, was.

Du.

Gut, wir habens gehört. Du bist also alt genug.

Genau.

Alt genug wozu.

Alt genug zu allem.

8.

Unser Spanier. Unsere Señorita. Ihr mögt doch Stierkampf, Vendetta. Ihr fresst doch täglich rohe Tintenfische. Ich meine, ihr seid doch harte Kerle. Aber du. Du bist eine Schande für deine Nation. Du schuldest mir fünftausend Eier. Verstehst du. Und ich will sie jetzt.

Woher soll ich fünftausend nehmen.

Wir tun jetzt, was wir längst hätten tun sollen.

Und was machen wir mit ihren Katzen.

Ich kann das Wort Katzen nicht mehr hören.

Wir müssen das Katzenproblem lösen. Sonst wird das nichts mit den Hunderttausend.

Wir mischen was unters Sheba. Optalidon, Rohypnol. Irgendwas. Wir schicken sie in den Katzenhimmel.

In den Katzenhimmel.

Oder in die Mäusehölle, kommt auf dasselbe hinaus.

Kommt nicht in Frage.

Warum nicht.

Sie sind unschuldig, Hans, unschuldig.

Da irrst du. Sie sehen vielleicht süß aus, haben ein weiches Fell, schnurren, das ja, aber in Wahrheit sind es Raubtiere. Töten Babys.

Babys.

Mäusebabys. Vogelbabys. Hamsterbabys. Mörder, Jesu, Schlächter. Hast du je gesehen, was sie mit ihren Opfern anstellen. Ich bin auf dem Bauernhof aufgewachsen, Freund. Ich sag dir, da draußen, in den Wäldern, da herrscht jede Minute Stalingrad. Ich sag dir, was sie mit den Gefangenen tun.

Nein.

Sie beißen ihnen ein Bein ab, dann schauen sie zu, wie sich das amputierte Mäusebaby um die eigene Achse dreht.

Nein.

Mörder, Jesu, Schlächter.

Wir nehmen die Katzen mit.

Bravo.

Wir setzen sie aus. Aufm Käferberg. Die kommen alleine zurecht.

Katzen kehren immer nach Hause zurück. Sie haben einen inneren Kompass. Finden ihr Haus. Kratzen an der Tür.

Dann nehme ich sie zu mir.

Zu dir.

Klar. Ich schaue nach ihnen.

Jesu. Wie groß ist deine Wohnung.

Ich habe keine Wohnung.

Du hast gar keine Wohnung.

Bloß ein Zimmer.

Du und ein halbes Dutzend Katzen in einem einzigen Zimmer, großartig.

Warum nicht. Ich mag Katzen.

Lieber Freund. Sie scheißen dir das Bett voll. Haben Flöhe. Übertragen Toxoplasmose.

Toxowas.

Toxoplasmose. Ein Krankheit, schlimme Sache. Die Ohren faulen dir vom Kopf.

Ich werde die Katzen impfen lassen. Und mich auch.

Das sind Würmer, Jesu, kleine gelbe glitschige fiese Würmer, die sich unter deiner Haut Richtung Ohren fressen und dort ihre Nester bauen und von innen deinen Ohrknorpel verdauen, bis er platzt und dann spritzen die Würmer so auf den Teppich. Na. Jesu. Sei vernünftig. Es geht nicht.

Ich bringe keine Katzen um. Das ist Fakt. Tu ich nicht.

Und wie bezahlst du deine Schulden.

Wir gehen zurück. Wir versuchen es noch einmal bei den Einsteins. Ja. Wir versuchen es. Alles ist besser, als Katzen zu töten.

9.

Er sieht sehr gut aus. Ein Mann, der bei sich zu Hause ist. Ausgeschlafen. Groß gewachsen. Gute Zähne. Gesund. Frisch. Nicht müde. Nicht zornig. Stark. Streng. Entspannt. Du bist verunsichert. Erzählst Unsinn. Verhaspelst dich. Dann schweigt ihr. Fahrt ins Zentrum. Lässt ihn sich die Gegend ansehen. Du musterst ihn verstohlen. Ob er wirklich die Koryphäe ist. Der Erneuerer der Hirnphysiologie. Dieser Mann mit den ungewöhnlichen Ansätzen. Er sieht aus, als sei er zum Segeln gekommen. Er hat eine Gesichtsfarbe, die man unter euren Berufsleuten selten sieht. Schau dich an. Käsig. Matt. Überarbeitet. Blut in den Augen. Fingernägel, zu selten geschnitten. Hockst nur in deinem Labor. Du untersuchst den menschlichen Körper und vergisst, dass du selber einen Körper besitzt. Ein Körper bist. Aber er. Wie macht er das. Du bringst ihn ins Hotel. Es ist das beste Hotel der Stadt. Nicht das Teuerste. Das Beste. Nicht überkandidelt. Ruhig. Persönlich. Perfekt. Woher kennt er das Hotel. Wie kommt er dazu. Er scheint die Stadt zu kennen. Langsam glaubst du, dass du den falschen Mann erwischt hast. Dass der Richtige noch am Flughafen steht. Dass du einem Betrüger, einem Hochstapler aufgesessen bist, einem, der darauf wartet, am Flughafen angesprochen zu werden, und dann einfach Ja sagt. Ja. Und Hallo.

10.

Sag einmal, Lilly, wie gefällt dir deine Arbeit.

Oh nein, bitte, bitte nicht.

Antworte.

Nicht diese Frage. Bitte nicht.

Warum nicht.

Quäle mich nicht, bitte nicht.

Ich wollte doch nur wissen.

Ah, diese Schmerzen, es tut so weh, so weh, Gott, Gnade, ich tue alles, aber nicht diese Frage.

Du tust alles.

Alles. Ich lecke dir die Fuseln aus den Zehenzwischenräumen.

Das würdest du tun.

Ja, bloß nicht diese Frage, bitte nicht.

Fuseln habe ich bloß am Arsch. Sind eigentlich keine Fuseln, eher so Zotteln. Wenn ich mir den Hintern wische, bleibt immer etwas Papier in den Haaren hängen. Und das gibt Zotteln. Ekelhaft. Kriegt man fast nicht weg. Darum könntest du dich kümmern.

Klar.

Du könntest sie wegknabbern.

Sehr gerne.

Lilly, ich glaube, du liebst deinen Beruf wirklich.

Lass mich knabbern, ja, lass mich bitte knabbern.

11.

Er sagt, er würde gerne um sieben mit der Arbeit beginnen. Ob das für dich zu früh sei. Natürlich ist das für dich zu früh. Du schüttelst den Kopf und lächelst. Du stellst deinen Wecker, das Handy, lässt das Fenster offen stehen. Du schaffst es. Weil du überhaupt nicht schläfst. Um sechs gehst du los. Er wartet bereits in der Lobby. Isst einen Apfel. Knackt mit seinen gesunden Zähnen den Apfel entzwei. Ein Mann voller Tatendrang. Ihr fahrt ins Institut. Du zeigst ihm die Ergebnisse der ersten Testreihe. Die Aufgaben. Die Tomografien. Er stellt Fragen. Macht Anmerkungen. Weist auf methodische Fehler hin. Auf Lücken in der Problemstellung. Hinterfragt noch einmal deine Hypothese. Du langweilst dich. Dein Kopf ist leer. So wichtig ist das Ganze nicht, diese Forschung, deine Arbeit, dein Einkommen, der Ehrgeiz. So wichtig ist das Leben nicht. Er schlägt vor, die Scans anders einzufärben. Du willst rauchen. Du brauchst eine Pause. Es ist erst neun Uhr früh, aber ihr werdet an diesem Morgen überhaupt keine Pause machen. Erst um ein Uhr mittags sagt er: Ich könnte einen Happen vertragen. Sushi, zum Beispiel. Ja. Oh, du liebst Sushi. Du bist verrückt nach kaltem Fisch und saurem Reis. Du liebst diese grüne Paste, schmeckt ähnlich wie Schwarzpulver. Und dann dieses zuckersüße Gemüse dazu. Herrlich. Dafür ist der Schnaps warm. Leider kennst du kein Sushirestaurant. Wahrscheinlich gibt es das überhaupt nicht in dieser Stadt. Er sagt. Seefeldstraße einhundertfünfzehn. Wedelt mit deinem Cityguide.

12.

Meine Herren. Ich kann Ihnen nicht sagen, wie glücklich ich bin, Sie hier zu sehen. Angeschlossen an die Geräte, entschlossen, dieses Mal das Experiment erfolgreich zu bewältigen. Gut. Wir müssen Menschen wie Ihnen eine Chance geben. Nicht wahr. Sie haben ein schwieriges Umfeld, Sie kommen, wie man so schön sagt, aus bildungsfernen Schichten, nicht wahr. Und hat dieser Herr da nicht auch einen Migrationshintergrund. Sind wir also nicht verpflichtet, Ihnen die Hand zu reichen, Sie wieder und wieder zu motivieren,

Ihnen die Eingliederung in diese Gesellschaft zu ermöglichen, auch wenn Sie unser Material kurz und klein schlagen, unsere Arbeit sabotieren, uns beschimpfen. Sie haben unsere ganze Unterstützung, unsere Geduld und Nachsicht verdient. Deshalb haben wir uns bereit erklärt, Ihnen eine allerallerletzte Chance zu geben. Danke. Rot und Grün. Sie erhalten beide zu diesem Zeitpunkt fünftausend Schweizer Franken.

Fünftausend. Yippiee.

Um Gotteswillen. Bitte nicht. Bitte bitte nicht.

Was ist los mit Ihnen.

Bitte. Wir möchten das Spiel gerne mit tausend Franken spielen, bitte.

Wir haben das Experiment optimiert. Wir spielen nun mit fünftausend. Die Ergebnisse sind deutlicher.

Jesu. Reiß dich zusammen. Wir schaffen das.

Was sagt der Zufallsgenerator. Rot. Sie eröffnen das Spiel. Vertrauen Sie Ihrem Mitspieler Grün. Geben Sie ihm das Geld.

Tus nicht. Tus bitte nicht.

Ich tus. Ich schenke Grün mein ganzes Geld. Ich schenke ihm fünftausend Franken. Weil ich meinem Freund vertraue. Freundschaft, das ist das Wichtigste. Ehrlichkeit. Wahrhaftigkeit. Wie heißt das. Loyalität. Treue. Ich weiß, er wird mein Vertrauen honorieren. Hier, mein Freund, ich schenke dir dieses Geld, Freund, Partner, Bruder, Jesu.

Oh mein Gott.

Gut. Danke. Das ist ein Fortschritt. Grün. Sie besitzen nun zehntausend Franken. Ich versiebenfache nun den erhaltenen Betrag und füge also fünfunddreißigtausend Franken hinzu.

Nein, bitte, ich will nicht, ich will nicht.

Mit Ihren eigenen besitzen Sie nun vierzigtausend Schweizer Franken. Meine Frage an Sie lautet: teilen Sie das Geld mit Rot.

Reiß dich zusammen, Jesu.

Ich habe eine Frage. Nur damit ich es richtig verstanden habe. Ich muss nicht teilen.

Sie müssen nicht.

Jesu. Freund. Liebling. Herz. Bruder. Versündige dich nicht.

Falls ich nicht teile, hilft mir dann Herr Michel, hier unbeschadet rauszukommen.

Du gottverdammter Drecksiberer. Du.

Hans. Begreif doch. Das ist meine Chance. Eine einmalige Chance. Vierzigtausend Franken. Damit kann ich eine Ausbildung machen. Ich kann endlich eine Schule besuchen. Ich kann mir eine Zukunft aufbauen. Ich will raus aus dieser Scheiße. Das bin ich mir schuldig. Meinem Leben. Meiner Zukunft. Meiner Mutter.

Fick doch deine Mutter.

Es hat nichts mit dir zu tun.

Ich habe dir vertraut.

Die fünftausend kriegst du zurück. Ehrensache.

Ich will zwanzigtausend, zwanzigtausend.

Tut mir leid, Hans, tut mir wirklich leid. Würden sie jetzt bitte Herrn Michel rufen. Ich möchte dieses Gebäude unbeschadet verlassen.

Ich reiß dir deine verfickten Eier aus dem Leib, du verdammtes Pyrenäenarschloch. Das tu ich. Du kommst hier nicht raus. Nie.

13.

Ich wünsche mir etwas. Ich wünsche es mir so stark, es zerreißt mich beinahe. Das kannst du dir nicht vorstellen. Ich wünsche mir, dass du dein Geheimnis verrätst.

Ich habe kein Geheimnis.

Wovon träumst du.

Von nichts Besonderem. Was alle träumen. Kleine Massaker an Leuten, die mich geärgert haben, Busrempler, alte unnütze Stinker, die den Verkehr aufhalten. Vögeln mit dem Schwein aus unserer Straße. Baden in einem See aus Spucke. Vollkommen normale Sachen. Was man halt so träumt.

Ich verstand die Frage figurativ. Übertragen. Für deine Zukunft, Lilly. Wie siehst du dich in zehn Jahren.

Ich möchte noch ein bisschen wachsen. Körperlich. Fünf

Zentimeter wären klasse. Aber nicht an den Beinen. Und im Übrigen mache ich in zehn Jahren genau das Gegenteil.

Das Gegenteil wovon.

Das Gegenteil von allem. Ich möchte mich entwickeln, weißt du.

14.

Es werden an die hundertsechzig Pfund Fleisch anfallen. Was machen wir damit. Wir können sie nicht in der Wohnung lassen. Faulung. Gestank. Misstrauische Nachbarn. Bullen. Hans und Jesu im Knast. Wieder verpfuschte Zukunft.

Wie auch immer. Wir werden Mörder sein.

Warum kommst du immer wieder mit diesem moralischen Mist. Erklär mir das mal.

Ich will kein Mörder sein.

Hör zu. Du willst aus diesem Dreck raus. Ja. Du willst eine Ausbildung machen. Ja. Du hast aber keine Kohle. Gut. Sie hat aber Kohle. Und sie wird es dir nicht freiwillig geben.

Wir könnten sie fragen.

Sie ist eine Drogendealerin, Jesu. Sie hat Freunde, große, breite, böse Freunde. Sie muss weg, verstehst du. Magst du also vielleicht fünf Minuten deiner kostbaren Zeit zur Lösung dieses nebensächlichen Problems verschwenden. Ja. Jesu.

Wir tragen das Fleisch aus der Wohnung. Du vorne. Ich hinten. Achtzig Pfund für dich, achtzig Pfund für mich. Ab auf den Käferberg und die Dame bestatten. Da gibt es einen Friedwald.

Einen was.

Sie verscharren ihre Toten unter Bäumen. Ohne Grabstein und so. Eine mehr oder weniger fällt nicht auf. Wir müssen bloß warten, bis es dunkel ist.

Gut, Jesu, gut gedacht. Es wird aber leider nicht dunkel. Vor Paulas Tür steht eine große gelbe Straßenpfunzel. Die Leute dort sind neugierig. Wir können sie nicht raustragen.

Also. Was.

Wir lassen das Fleisch in der Wohnung. Wir müssen bloß verhindern, dass die Leiche stinkt. Kein Gestank. Keine neugierigen Nachbarn. Keine Bullen.

Und wie soll das gehen.

Was bin ich, Jesu, was bin ich. Ich bin Koch.

Du willst sie doch nicht etwa kochen.

So was Ähnliches.

Ich muss gleich kotzen.

Wir machen sie haltbar. Haltbar ohne Kühlung.

15.

Was war der Grund für Ihren Streit.

Wir wollten neue Möbel. Wir haben alles zurückgelassen, wir kamen an mit zwei Koffern. Ich habe einen Tisch ersteigert. Einen Teakholztisch, für acht Personen, falls einmal Gäste kommen. Wir haben selten Gäste. Sehr selten. Eigentlich nie. Also. Ich war die einzige Bieterin, und das hat mich stutzig gemacht. Das Bild war vielversprechend, der Bieter hatte ein gutes Rating und der Tisch stand in der Nähe, im Norden der Stadt, ich habe es mir auf der Karte angeschaut. Luftlinie zehn Kilometer. Überlandstraße, das war die Adresse, und Aaron hat sie eingetippt ins Tschipiieß. Ich sei eifersüchtig auf diese Frau, behauptet er, auf diese Stimme, die immer den Weg kennt. Er liebt sachliche, pragmatische Frauen, Nachrichtensprecherinnen, Regierungspolitikerinnen, Frauen vom Tierheim. Ich hätte nicht geglaubt, dass man sich hier verirren kann. Im Speckgürtel, im Norden, herrscht ein Durcheinander, unübersichtlicher als das Orange County zum Beispiel, schlimmer, über dem County steht der Himmel, an dem man sich orientieren kann, wo immer man steht, wirft man einen Schatten. Hier: wirft nichts und niemand einen Schatten. An der nächsten Kreuzung biegen sie. Nach. Rechts. Es kam aber keine Kreuzung, bloß ein Weg geht ab. Weg. Quartierstraße. Aaron trotzdem rechts weg, er tut, was man ihm sagt, er wurde in diesem Sinne erzogen. Nach zwanzig Meter wieder nach rechts. Amazonenstraße, Heidwiesenstraße, an der Schule vorbei. Kurzum, seine Satellitenbekanntschaft hat offensichtlich keine Ahnung wo wir uns befinden. Hundertachtzig Grad Wendung, Herzogenmühlestraße, die Lueginslandstraße gekreuzt. Dann sehen wir sie. Überlandstraße. Wir halten uns rechts, wo sie breiter wird, aber das ist falsch, das sehen wir bald. Die Hausnummern sind schon jenseits der zweihundert und nehmen zu, also wieder weg, wieder rechts, Schürgistraße, und dann links in die Luegisland. Wir stehen wieder dort, wo wir eben rechts ab sind. Wir wollen links in die Luegisland. Geht nicht. Einbahn. Also bleiben wir auf der Luegislandstraße, bis wir in die Saatlenstraße einbiegen dürfen, die, kurz bevor sie die Autobahn unterquert, in die Überlandstraße mündet, jedenfalls sieht es so aus der Karte aus. Aber es stimmt nicht.

Sie behaupten, unser Kartenmaterial sei fehlerhaft.

Die Saatlen taucht ebenfalls unter der Überlandstraße durch. Das ist die Wahrheit. Wir haben keine Wahl, fahren weiter, biegen irgendwann wieder links, Dreispitzstraße, Aaron flucht, dann sehen wir sie wieder, unsere Überlandstraße. Wir kommen nicht rein. Das wüste Land. Im Juni ists am Schlimmsten. Wir gehören nicht hierher. Wir gehören nach Benglen, in unsere kleine Sackgasse, wo die Aussicht klar ist auf den See, auf den kleinen, nicht auf den großen, und die Leute die Hunde und die Kinder rennen lassen und wenn sie zurückkommen, dann haben sie Laub in den umgeschlagenen Hosensäumen und an den Kleidern kleben Klettsamen, die sich kaum lösen lassen. Vom Spielen im Murholz, nasse Hosenstöße und lehmige Schuhe vom Aschbach.

Sie haben keine Kinder. Ich darf Sie daran erinnern.

Es hat geregnet, den ganzen Monat, es ist kalt, frühe Schafskälte, wie man es hier nennt, der Regen hat die Berge aufgeweicht, die Leute hier werden unruhig deswegen und es hat sogar noch einmal Schnee gegeben. Sie müssen Pässe schließen. Ich ziehe den gewachsten Anorak an. Ich mag Regen, er beruhigt mich. Wir sind den Eichenweg hinunter, gegen den Wald zu, wo die neue Siedlung steht, in der Senke hat sich Wasser gesammelt, die Pumpen leeren die Unterkellerung, Wasser spritzt in einer weiten Fontäne in den Wald.

Jetzt sind Sie bei den Ureinwohnern.

Es stinkt, ich bin in der Verbannung, bin dem Weltende nahe, Aaron wirkt so fremd, unter seinem Stetson, den ich nicht mag, und der das Gesicht verdeckt. Dann steht er da. Ich kann nicht sprechen. Runde Ohren, unter den Augen schwarze Striche, langer, dürrer Schwanz. Nicht schön, wild, ich wusste, wem ich gegenüber stand.

16.

Was schleppst du denn hier an.

Salz. Zwölf Kilo. Klebeband. Handschuhe. Eisenstange. Katzenfutter. Was riecht da so.

Cai. Hat dich jemand gesehen.

Wer soll mich gesehen haben.

Nachbarn, vielleicht.

Du bist paranoid.

Bloß vorsichtig.

Du bist nicht gerne kriminell, was.

Ich bin nicht kriminell.

Nee, verkaufst bloß ein bisschen Drogen.

Bloß an Freunde.

Ich bin nicht dein Freund.

Ich kenne dich.

Ach, wer bin ich denn.

Was willst du eigentlich.

Dasselbe wie letztes Mal. Das war guuut.

Hab ich es dir nicht gesagt.

Ich war so glücklich. Ich meine, richtig glücklich. Und dabei war ich nicht einmal auf einer Party. Bin einfach zu Hause geblieben. Und dann habe ich gelesen, die ganze Nacht. Das kannst du dir natürlich nicht vorstellen, aber es hat Spaß gemacht.

Warum soll ich mir das nicht vorstellen können.

Du liest doch nicht.

Gerade habe ich ein Buch über Kabul gelesen. Muss die schönste Stadt der Welt sein. Königspaläste noch und nöcher. Da muss ich unbedingt mal hin.

Da bist du zu spät. Kabul haben sie gerade platt gemacht.

Wer.

Die Amis.

Schweine. Egal. Ich fliege ohnehin nicht gerne.

17.

Ich danke Ihnen für die Teilnahme an unserem Experiment und möchte Ihnen kurz erklären, worum es uns geht. Es geht um altruistische Gewalt. Was ist das. Zu Deutsch bedeutet dies: selbstlose Gewalt. Was ist das. Wir verstehen darunter jene Gewalt, die wir immer dann verüben, wenn wir eine Normabweichung bestrafen, auch wenn wir aus dieser Bestrafung keinen direkten persönlichen Nutzen beziehen, jedoch davon ausgehen, dass die Gesellschaft durch diese Bestrafung profitiert, oder: Schaden erlitte, wenn die Normabweichung ungeahndet bliebe. Was uns nun interessiert, sind die Gründe, weshalb wir diese Normabweichung bestrafen wollen. Und dass wir wollen, scheint uns gegeben. Jeder will des anderen Polizist sein, Richter dazu, und Henker. Warum wollen wir bestrafen. Weil es uns Spaß macht, weil wir Freude daran haben. Wie sagt der Volksmund. Rache ist süß. Sie schmeckt besser als Schokolade. Wir haben uns daran gemacht, die physiologischen Grundlagen dieses Verhaltens ergründen. Konkret. Gibt es zu diesem gerechten Natürlichkeitsempfinden, ich meine natürlich, zu diesem natürlichen Gerechtigkeitsempfinden eine messbare Hirnaktivität in den entsprechenden Regionen unseres Stammhirns.

18.

Was schwimmt da.

Kardamom.

Übel, ganz übel. Sag mal, hast du eigentlich Familie.

Was geht dich das an.

Bloß eine Frage.

Ich habe einen Bruder.

Kontakt.

Ne. Er lebt hier und ich lebe da. Und damit hat es sich.

Du bist also ganz alleine.

Ich habe meine Katzen.

Apropos Katzen. Darf ich dich ficken.

Bestimmt nicht.

Ich würds tun. Ich mein, du bist zwar schon vierzig, aber ich würds tun.

Arschloch.

Ich steh auf ältere Frauen. Nur müssen wir uns beeilen. Hans wartet draußen im Wagen.

Warum im Wagen.

Er mag dich nicht. Er findet dich eklig. Ich finde dich auch ein bisschen eklig, aber weißt du was. Ich mag das.

Pack deine Sachen und mach, dass du weg kommst.

War doch nur Spaß. Was sind das für Kisten.

Zündhölzer.

Bisschen viel Zündhölzer.

Werbemittel. Ich mach die Gestaltung.

Ein Hai und eine nackte Frau. Das ist ja pervers.

Das ist kein Hai, Mensch.

Stimmt, ist ein Krokodil.

Idiot.

Warum machst du das.

Das ist mein Beruf, Mensch. Ich bin Grafikerin.

Du bist Grafikerin. Und verkaufst trotzdem Pillen.

Ich glaube, das ist meine Sache.

Ist es eben nicht. Du verdirbst die Jugend mit deinen Scheißdrogen, mit deinem Scheißgift, und dabei hast du einen richtigen Beruf.

Die Zündhölzer bringen nicht genug.

Weißt du eigentlich, was du anrichtest. Schau mich an. Schau dir mal meine verdammte Haut an. Überall kleine rote Punkte, siehst du das. Und ich schwitze die ganze Zeit, ich schwitze wie ein Schwein.

Dann dusche doch.

Seit ich siebzehn bin, fresse ich deine verdammten Pillen. Vier Mal die Woche, mindestens. Ich habe nichts, keine Arbeit, kein Diplom. Und ich bin klug. Scheißklug, und du gibst mir diese Drogen, obwohl du einen schönen, kreativen Beruf hast. Hast du kein Gewissen.

Willst du jetzt kaufen oder nicht.

Klar will ich kaufen, was denkst du denn. Sag mal. Hast du etwas gegen Spanier.

Warum sollte ich etwas gegen Spanier haben.

Weil du nicht ficken willst.

Ich kann nicht, okay. Nimms nicht persönlich. Dein Angebot kommt gerade ungelegen, verstehst du.

Du willst doch nicht behaupten, dass du noch die Periode kriegst. Du bist doch längst darüber.

Bist du verrückt. Ich kann noch Kinder kriegen.

Sag nicht, du willst noch ein Kind.

Vielleicht, warum nicht.

Jetzt machst du mir Angst. Du und Kinder. Auweia. Wo sollen die denn leben. Hier vielleicht.

Warum nicht.

In diesem Drecklochvoller Katzenhaare.

Kinder mögen Katzen.

Aber die Haare sind giftig. Allergien. Asthma, so was.

Dann würde ich sie eben weggeben.

Weggeben. Wer will deine Scheißkatzen. Keiner.

Das sind gute Katzen. Die haben Siameser drin. Und notfalls ließe ich sie einschläfern.

Du würdest deine Katzen umbringen.

Wenn es unbedingt sein muss.

Dreckstück.

Was sagst du.

Du bist ein Dreckstück, sag ich.

Gut. Jetzt raus hier. Und nimm deinen Scheiß mit. Was willst du eigentlich damit.

Womit.

Mit dem Salz.

Das Salz ist für dich.

Was soll ich damit.

Ich leg dich erst in die Badewanne, und dann schütte ich das Salz über dich.

Wozu das denn.

Wir machen dich haltbar. Salz entzieht den Zellen das Wasser. So riechst du nicht. Einpökeln, nennt man das, einpökeln.

19.

Um drei Uhr kommen die Probanden der neuen Testreihe. Das Experiment dauert bis sechs Uhr abends. Er verhält sich ruhig. Bringt dich nicht in Verlegenheit, lässt dich das Experiment durchführen. Um halb sieben hat er eine Idee. Eine sehr gute Idee, höchstwahrscheinlich, aber um das zu überprüfen, werdet ihr drei Stunden brauchen. Mindestens. Und du bist müde. Erschöpft. Du brauchst ein halbes Hähnchen und ein großes Bier und zehn Zigaretten und ein bisschen Fernsehen. Aber er. Überhört dein Stöhnen. Übersieht, dass du dir die Augen reibst. Sollst du lügen. Eine Ausrede suchen. Es wird acht, neun, zehn. Die Küchen werden geschlossen. Du wirst kein halbes Hähnchen mehr finden, bloß noch eine Wurst. Um viertel nach elf erbarmt er sich deiner. Sagt. Naja, das kann bis morgen warten. Aber interessiert hätte es mich schon. Ich hoffe, sie haben deswegen keine schlaflose Nacht. Jetzt noch ein Bad im See.

20.

Zähl mal.

Wie.

Zähl mal. Du kannst doch zählen. Einszweidreivier.

Einszweidreivierfünfsechssiebenachtneunzehnelftzwölfdreizehnvierzehnfünfzehnsechzehnsiebzehn.

Stop.

Achtzehnneunzehnzwanzig.

Stop habe ich gesagt.

Einundzwanzigzweiundzwanzig.

Zeig mir die Zunge. Weiter, ganz raus. Wie eine Kuh. Gut, schöne Kuh. Gute Kuh. Gute Lilly-Kuh. Jetzt nenn mir deine drei Lieblingslabel. Nein, die Zunge will ich weiter sehen.

UUI.

Aha. Interessant. Du hast Geschmack. Eher die Taschen oder die Accessoires.

IE.

Ahja. Natürlich. Richtig. Hatte ich vergessen. Zweitens.

AA.

Ausgezeichnet. Und noch zuletzt.

AIAU.

Kenn ich nicht. Geheimtipp. Etwas, das ich kennen sollte. Italienisch.

AI.

Achso. Interessiert mich nicht. Dieser Bohemienchic. Vollkommen vorbei. Du hast da übrigens etwas. Grüner Belag. Auf der Zunge. Würde ich untersuchen lassen.

A I O OÜ.

Wozu denn Chlorophyll.

Gegen den Mundgeruch.

Ist das nicht giftig.

Färbt bloß die Zunge grün.

Chlorophyll. Gegen den Mundgeruch. Kluges Mädchen. Kluge Lilly, meine Lilly.

21.

Einmal bist du mit einer Frau mit. Sie hat dich angesprochen, vor einem Hotel, Schweizerhof, attraktiv, aber nicht übertrieben, natürlich, mit einigen Fehlern, das eine Auge ein bisschen schräg, eine Lücke in den Brauen, so etwas. Mitte dreißig. Kostüm, du liebst das. Verzeihung. Haben Sie ein paar Minuten Zeit. Würden Sie mich auf mein Zimmer begleiten. Jetzt gleich. Hier. In den ersten Stock. Ich gebe Ihnen Geld dafür. Du warst keine zwanzig. Großartig. Das ist der Feminismus, wie du ihn dir wünschst. Das sind die modernen Zeiten, wie du sie dir wünschst. Alleine ihre bestrumpften Beine werden dich zwei Stunden beschäftigen, jedes, und sie hat zwei davon. Und das Hotel. Dicke rote Teppiche. Männer in Livree. Sie führt dich zum Fahrstuhl. Aaron. Der Fahrstuhl. Für eine Etage. Das ist dein Zeichen. Tu etwas. Handle. Nur Mut. Du hast die Mauer fallen sehen. Live. Du hast gesehen, wie Walid Dschumblat und seine Brüder Beirut bombardierten. Wie dein Vater den Daumen verlor unterm Wagenheber. Also. Kinderspiel. Kaum haben sich die Türen geschlossen, drückst du auch schon den Halteknopf. Lächelst sie an. Und sie. Deine Erobererin. Stürzt sich auf dich. Schlägt dich. Reißt dich an den Haaren. Beißt dich. Du weißt nicht, will sie spielen oder nicht. Also gut. Aaron. Seien wir ehrlich. Die Geschichte geht anders. Sie spricht dich an. Ja. Vor dem Hotel.

Ja. Bietet dir Geld. Auch ja. Ihr seid im Fahrstuhl. Alleine. Drückst den Halteknopf. Du. Schau dich an. Deine Augen. Sind die gemacht für romantische Schelmenstücke. Deine Ohren. Ihnen wird ein-, nicht zugeflüstert. Also. Was bist du. Du bist neunzehn und zielgruppenspezifisch. Ein feiner Verbraucher. Verstehst etwas von Bierwerbung. Sieht man dir an. Mit dir zu bumsen, das hieße, dein Potential nicht zu nutzen. Verschwendung. Im ersten Stock, Zimmer einhundertdreiundzwanzig warten schon fünf andere wie du. Befragt von mäßig attraktiven Mitdreißigerinnen im Kostüm. Geschockt von der Fahrstuhlprüfung. Gut. Aaron. Seien wir ehrlich. Wir wissen nicht, welche Nummer das Zimmer hatte. Nicht nach all diesen Jahren. Wissen wir noch, wieviel Bierwerbungen du erkanntest. Wir wissen es nicht.
Dein Mann, dein Genie, deine Koryphäe will in den Puff. Seite zweiundvierzig im Guide. Du warst noch nie im Puff. Dein Mann will vorher in die Oper. Seite dreizehn. Du warst noch nie in der Oper. Work hard, party hard. Das ist, was du nicht begriffen hast. Er will das Angebot nutzen. Du hast dir doch diesen verdammten Cityguide nicht angesehen. Wer schaut sich den Reiseführer der eigenen Stadt an. Iphigénie en Tauride, von Gluck, und anschließend ins Caballero. Du empfiehlst ein kleines Bistro hinter der Oper. Gute Küche, familiäre Atmosphäre, ein Geheimtipp, Brasatoravioli, Kalbskopf, wenn man Kalbskopf mag. Er sagt, er wird sich mit einer Wurst begnügen, im Stehen. Er will das Mädchen, drannehmen, es fordern, es ermüden, ein bisschen belasten, an die Grenze bringen. Und dazu muss er fit sein, und das ist er nicht, wenn er zu üppig gegessen hat. Er will die Gelegenheit nutzen. So junge Mädchen wie hier gibt es sonst nur in Thailand. Und Gluck, Gluck sei einfach der Größte.

22.

Du bist so ein verdammter Scheißkerl. Sechs Stunden hast du mich warten lassen. Ich saß im Wagen. Ich konnte nicht mal aussteigen, weil mich sonst jemand gesehen hätte. Sechs Stunden in dieser verdammten Scheißgegend. Zollfreilager. Stacheldraht. Sieht aus wie ein Schlachthof. Rechts neben mir ist das Rechenzentrum einer Bank. Sieht auch aus wie ein Schlachthof. Alles sieht hier aus wie ein ekelhafter Schlachthof. Weißt du, wie ich groß geworden bin. Am Waldrand. In den Rapsfeldern. Ich werde depressiv in einer solchen Gegend. Was habt ihr eigentlich gemacht die ganze Zeit.

Tee getrunken. Da ist kein Geld. Wir haben die ganze Wohnung durchsucht.

Wir haben noch nicht überall gesucht.

Noch nicht überall.

Wo noch.

Denk nach.

Du bist so krank.

Sieh nach.

Ich tus nicht.

Komm schon. Du hast sie besser gekannt, als ich.

Sie liegt schon in der Badewanne. Schon unter dem Salz. Ich fass ihr bestimmt nirgendwo hin.

Es sind hunderttausend. Das ist es wohl wert. Wozu haben wir Gummihandschuhe.

Was glaubst du, was sie uns aufbrummen.

Nichts. Weil sie uns nicht erwischen.

Früher oder später erwischen sie jeden.

Mich nicht.

Mich erwischen sie bestimmt. Und ich werde dich verpfeifen, das musst du wissen. Die brauchen mir die Instrumente nur zu zeigen.

Welche Instrumente.

Glaskanülen. Rasierklingen. Stecknadeln. Elektroschocker. Scheiße, sie hatte wirklich die Periode.

Unsere Polizei foltert nicht. Wir leben schließlich in einem Rechtsstaat. Hier kriegt jeder einen fairen Prozess.

Sie foltern dich nicht körperlich. Sie haben bessere Methoden. Geschichten, an denen du durchdrehst. Die hören sich ganz normal an, wie Kindergeschichten, aber die haben kleine Sprengkörper in ihrem Innern, und wenn du sie hörst, drehst du durch und sagst immer nur die Wahrheit. Da ist nichts. Bloß eine Fotze. Bloß eine leere, unrasierte Fotze. Ekelhaft. Wenn ich daran denke. Sie werden uns erwischen, mein Leben ist ruiniert. Ruiniert wegen einer blanken Kuh mit einer unrasierten Fotze.

23.

Fünfzehn gesunde, rechtshändige, männliche Subjekte nahmen an unserem Experiment teil. Weil wir uns für die neuronale Basis der Bestrafung interessierten, registrierten wir in dieser Minute die Hirnströme.
Unter den Regionen, die bei der Bestrafung besonders aktiviert werden, sticht in erster Linie der caudate nucleus hervor.
Wir beobachteten überdurchschnittliche Erregung bei jenen Probanden, die ein starkes Bedürfnis nach Bestrafung der Normverletzung verspürten.
Diese Tatsache ist umso interessanter, wenn man die Rolle dieser Region im Belohnungssystem kennt. Die herausragende Bedeutung dieser Hirnregion wurde in Versuchen mit Ratten und Affen belegt.
Zusammengenommen scheinen unsere Forschungen eine herausragende Bedeutung dieser Region zu belegen.
Die Fähigkeit, soziale Normen zu entwickeln, die für eine genetisch nicht verwandte Gruppe Gültigkeit haben, und vor allem die Durchsetzung dieser Normen durch altruistische Sanktionen, ist eines der entscheidenen Merkmale der menschlichen Art. Altruistische Bestrafung ist wahrscheinlich ein Schlüsselelement, um die beispiellose Kooperation menschlicher Gesellschaften zu erklären.

24.

Vielleicht werden wir bleiben. Vielleicht erhält er eine unbefristete Stelle. Sie mögen seine Studie. Halten sie für originell.

Was werden Sie nun tun.

Ich werde in den Wald gehen.

Sie werden ihn nicht finden.

Das ist nicht so wichtig. Er war da. Er war da, wo ich auch war. Darf ich wieder kommen, ich meine, falls ich ihn wiedersehen sollte.

Was versprechen Sie sich davon.

Eine Erklärung, vielleicht.

Eine Erklärung wofür.

25.

Lilly. Ich muss jetzt gehen.

Gut. Klar. Bis dann.

Du hast nichts dagegen.

Warum auch.

Ich komm nicht wieder.

Schlimme Sache.

Du bist traurig.

Bisschen vielleicht.

Magst du mich.

Bist ein netter Kerl.

Eine Bitte habe ich noch.

Aber gerne.

Ich möchte wissen, wie du heißt. Ich meine, wie ist dein richtiger Name.

Aber das weißt du doch.

Ich weiß das.

Aber ja doch, du dummer Junge, aber ja doch.

Fin de la bobine.

Einige Textstellen sind folgender Arbeit entnommen: de Quervain D. J.-F., Fischbacher U., Treyer, V., Schellhammer M., Schnyder, U., Buck, A., Fehr, E.: The neural basis of altruistic punishment. Science, 305, 1254-1258 (2004).

Alices Reise in die Schweiz
Uraufführung am 4. März 2005
Theater Basel
Regie: Stephan Müller

Weitere Inszenierungen:
Theater Kiel, Vereinigte Bühnen Bozen

Die Probe
Uraufführung am 2. Februar 2007
Münchner Kammerspiele
Regie: Lars-Ole Walburg

Weitere Inszenierungen:
Niedersächsisches Staatstheater Hannover, Deutsches Theater Berlin, Staatstheater Wiesbaden, Theater Bern, Burgtheater Wien, Theater Bautzen, Staatstheater Nürnberg, Junges Theater Göttingen, Schauspielhaus Salzburg

Amygdala
Uraufführung in Vorbereitung

Auslandslizenzen/Übersetzungen
von Lukas Bärfuss' Stücken:
Bulgarien, England, Ecuador, Finnland, Frankreich, Griechenland, Israel, Italien, Litauen, Luxemburg, Niederlande, Norwegen, Polen, Rumänien, Rußland, Ungarn, Schweden, Slowenien, Tschechien, USA

Buchausgaben in Bulgarien, England, Frankreich

Sämtliche Aufführungs- und Medienrechte liegen bei der
HARTMANN & STAUFFACHER GmbH, Köln

Zeichnungen von Michael Günzburger
mit freundlicher Genehmigung der
Schweizerischen Nationalbibliothek, Graphische Sammlung

Bibliografische Information der Deutschen Nationalbibliothek
Die Deutsche Nationalbibliothek verzeichnet diese Publikation
in der Deutschen Nationalbibliografie; detaillierte bibliografische
Daten sind im Internet über http://dnb.d-nb.de abrufbar.

© Wallstein Verlag, Göttingen 2007
www.wallstein-verlag.de
Alle Aufführungs- und medialen Rechte liegen bei der
HARTMANN & STAUFFACHER GmbH
Vom Wallstein Verlag gesetzt aus der Stempel Garamond
Umschlaggestaltung: Susanne Gerhards, Düsseldorf
Zeichnungen (Umschlag und Zwischentitel):
Michael Günzburger, Zürich
Druck: Friedrich Pustet, Regensburg
ISBN 978-3-8353-0164-1